# 千年天涯
## 尋找鳩摩羅什

徐伯卿／著

八方出版

# 跨越千年與千里的心靈洗滌之旅

台北市議員　戴錫欽

　　伯卿是我過去在中天新聞台服務時的同事，工作上他認真負責；後來聽聞他轉任他職，但直到近期受邀為他新書立序，我才知道他已成為作家，而且著作涵蓋不同領域，而這次新書更結合旅遊、宗教與歷史，又自我突破至另一層次，十分值得敬佩。

　　第一眼看到書名《千年天涯 尋找鳩摩羅什》，實有些摸不著頭緒，在看了內容後，才赫然理解：伯卿藉由數千里行腳，將自西漢開通的絲綢之路，與鳩摩羅什法師將佛教在中土弘揚的歷史脈絡，以深入淺出的方式，讓讀者在不覺枯燥下隨之神遊，其旅程雖稱不上苦行，但用心之深，與前後耗費九年的毅力，令人咋舌！

▲新疆克孜爾石窟前的鳩摩羅什法師塑像。羅什法師：魏晉南北朝時期，西域古龜茲國高僧，印度人後裔，被前秦苻堅大帝千里派兵迎入長安，此舉對大乘佛教與中國歷史產生重大影響……

　　書中有許多面向與連結，可供讀者細細品味。「五胡亂華」是我們熟悉的歷史用語，但在朝代更迭頻繁、戰禍不斷，政治

與軍事上的混亂之餘，我們可能忽略了隨著五胡進入中原，在文化、宗教與社會多元層面，不僅為隨後隋唐盛世奠基，更成為源遠流長深具底蘊的中華文化中，不可或缺的一環。而若從此角度發想，也許「五胡興華」也未嘗不可成立。

一般國人對於佛教東傳，可能對玄奘法師的聽聞要遠超過鳩摩羅什，也許這和西遊記有很大關係。但經由本書的刻畫，讓我們有機會對早於三藏取經 200 多年的魏晉南北朝間，佛教如何在大分裂亂世中，成為普羅大眾心靈慰藉與精神寄託，進而在後世發揚光大，成為中國的主流宗教，有更深的領悟。歷史中本就存在許多矛盾與諷刺。前秦苻堅為迎道安法師，不惜發兵東晉，奉為國師；但卻又無視道安法師勸阻，以致兵敗「淝水之戰」，改變了自身命運，更撼動了歷史脈絡。

所謂「得道多助」，但我覺得伯卿是「願力多助」。誠如書中所言，「苦，才是人生；痛，才是經歷；變，才是命運；忍，才是歷練；容，才是智慧」。伯卿發願以來完成此書，不僅將寶貴閱歷與心得和大眾分享，相信過程中自己也獲益良多。

戴錦銓

# 從記者到國際領隊的「柏青哥」

資深媒體人　邱明玉

　　認識伯卿哥，始於約 20 年前的中天電視台，同為政治中心記者；因為「伯卿哥」音同於日本的「柏青哥」，因此大家習慣稱他「伯卿哥」，就連年紀稍長的長官也跟著一起叫，「伯卿哥」名號就此在政治中心打出一片天。

　　「伯卿哥」的「哥」，當然不是叫假的，當時主跑立法院國民黨黨團的他，人脈之廣，消息之多，令大家為之稱羨，在一旁細細觀察的我，發現伯卿哥對記者工作不只下足苦工，比旁人認真跑新聞，更重要的，是他的正直與熱情，讓政治人物都願意卸下心防，跟他透露更多新聞內幕。

　　卸下記者身分後，多年前有一次和他結伴去日本自由行，一路走訪大阪城、清水寺、神戶港、奈良餵鹿；一靠近大阪城，伯卿哥彷如歷史老師上身，對幕府歷史如數家珍，讓我覺得旅遊書真是多帶了，根本就是跟了一位導遊出門。

　　多年後得知伯卿哥真的轉行成為國際領隊，常常臉書上分享他帶團的動向，從跟隨他的旅客們熱情迴響，一點也不意外，伯卿哥的專業與熱誠，果然在旅遊業發光發熱。

　　從記者到旅行業，工作性質不同，但伯卿哥的正直、專業與熱誠多年不減；隨著 COVID-19 疫情被迫暫時休息，伯卿哥將他之前走訪中國大西北的經歷躍然紙上，最驚豔的是，他從五胡十六國的歷史出發，恍若化身為考古探險隊，追尋歷史人物的足跡。

　　《千年天涯 尋找鳩摩羅什》篇章中，伯卿哥鉅細靡遺寫下每段行程的經歷，就連當地食物也被描述得令人食指大動；且讓我們背起想像中的行囊，跟著伯卿哥來段歷史與宗教的深度之旅。

邱明玉

▲手抓肉是大西北名菜，意思是手抓就可以大吃的肉，以羊肉為主角，羊肉才是西北
地區的扛霸子

## 充滿畫面感的壯闊之遊

TVBS新聞節目主持人　錢怡君

　　我和伯卿共事時間不長，當時他是政治組記者，走路有風；相形之下的我，默默在國際組。多年以後，聽聞他變成「專業旅行者」，除了驚訝，更多的是羨慕。因為，這正是我最想從事的工作，沒想到被他捷足先登。

　　承蒙伯卿兄不嫌棄，在拜讀《千年天涯 尋找鳩摩羅什》後，心就飄向他筆下的每一個處所，神遊了一次從西安到帕米爾高原。書裡面描述的人與事，笑著看他吃窩窩頭的小童，語言不通的維吾爾族人，背包客張東……神情對話躍然紙上，非常具備電視台記者的要素：畫面感。

　　說來慚愧，我被派在中國大陸駐點前後共六年，訪遍各個正式場合，但伯卿筆下的壯遊路線，卻未曾有緣拜訪過。如果你也跟我一樣，能在有限的時間裡，藉著他細膩的筆，穿越時空，神遊壯遊一番，也不辜負人生的一場因緣。推薦給有緣的你。

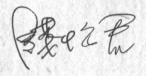

▲南疆鐵路火車上的餐食，玉米糊與窩窩，份量讓人飽足無比

# 一念善心 能動三千界

氣象達人　彭啟明 博士

　　沒有接觸佛教的朋友，可能都沒有聽過「鳩摩羅什」，但阿彌陀佛一定都知道；在印度大乘佛教傳入中國時，如何融入中華文化，就是由這位有智慧的尊者——鳩摩羅什來發揚光大，他的譯文充滿信達雅，讓後人可以具有文化性，無語言障礙地來接受佛法。

　　曾在證嚴上人身邊，聽他解釋「一念善心能動三千界」，也是從鳩摩羅什所譯的《妙法蓮華經》的十如是經文而來，這個境界是如何能體會得那麼透徹呢？愈想去了解更多，愈想去宗教的發源地，看看時空環境如何能造就智者的思想，能夠影響那麼多人。

　　感謝伯卿兄親自走訪西安到帕米爾高原，單程就超過四千公里的路程，考證當時鳩摩羅什所在地，把時代的人事時地物考證結合起來，讀起來意外地很有畫面生動感，甚至激發我重新再上網搜尋鳩摩羅什相關的影片，有機會想順著伯卿兄的行程地圖走一趟。在這個大無明、大劫難的時代，需要有清淨的判斷思維與慈悲心，佛法的大智慧是可以，這本書在這時間點格外有意義。

▲武威鳩摩羅什寺的羅什舌塔，舌舍利自西安戶縣移回此地，羅什法師進入中土被迫在武威輔佐後涼國呂光政權十餘年

# 十年天涯
# 尋找鳩摩羅什

張騫出使西域塑像

西安古城牆

麥積山煙雨

炳靈石林萬笋朝天奇觀

天梯山大佛窟

七彩雅丹

本覺法師塑像

祁連山脈馬蹄寺三十三天石窟

鳴沙山

鳴沙山月牙泉

克孜爾千佛洞與羅什法師塑像

白沙山與白沙湖

# 鳩摩羅什

公元 344 ～ 409　生平時期：魏晉南北朝
坊間傳說是舍利弗再生，舍利弗是佛陀坐下十大弟子。

釋迦牟尼佛十大弟子
一、大迦葉　　二、舍利弗　　三、目連　　　四、須菩提　　五、富樓那
六、迦旃延　　七、阿那律　　八、優波離　　九、阿難　　　十、羅睺羅

謹向
2011 ～ 2018 年
西安～帕米爾高原 單程四千餘公里路程中
與本書有關之十方有緣人事地物
深深致謝

《第一章》楔子：
在日落深處的時空

一切有為法，
如夢幻泡影，
如露亦如電，
應作如是觀。

《金剛經》經文，點燃無數苦海眾生的心燈，如此精粹譯句出自距今一千六百年前鳩摩羅什法師。

相較於大唐盛世玄奘法師印度取經的行腳，鳩摩羅什法師的大行足跡更早了兩百年。在那個芸芸蒼生習以為常「戰亂中逃難被殺死，平靜裡饑饉而餓死」的五胡十六國[1]時期，顛沛的羅什卻平安度過劫難並實現弘法志業，使佛教自天竺西域傳入東土的燦爛歲月更為生輝。

佛曆 2555 年（公元 2011），穀雨後未久。我從台灣出發，直奔中國大西北，只為尋找荒漠沙磧中昔日的羅什身影；我很想知道，在中國歷史最黑暗的大分裂年代，何以四位帝王對他牽繫[2]？為了這個答案，魯鈍如我往返於途，跨越八個年度（公元 2018）才告結束。漫漫大西北行程，冥冥之間「貴人」不斷湧現助緣。即使事過境遷，依然使我反覆咀嚼此等際遇是否與「願力」有關！

## 慈悲時空　草芥旅人

翻閱當今中學生的歷史教材，對於魏晉南北朝，解說如下：「魏晉南北朝近三百七十年的歷史，除了西晉的短暫統一之外，都是分裂對峙的局面，天下大勢分分合合，許多英雄豪傑紛紛登上歷史舞臺」、「五胡加入中原政權，為中原文化注入新血。胡漢文化的融合以及宗教藝術的興起，開啟隋唐盛世以及相容並蓄的風貌」。

---

註 1：五胡十六國，十六國包括：成漢、前趙、後趙、前涼、前燕、前秦、後燕、後秦、西秦、後涼、南涼、西涼、北涼、南燕、北燕及胡夏等國。此十六國主要分布在今華北和四川地區。

註 2：四位帝王分別為前秦苻堅、後秦姚萇、後涼呂光、後秦姚興。

這個戰亂無以休止、恩怨無法分明、人性難以信任的魏晉南北朝，中國版圖上同時出現諸多政權，天下並非同一個天子，天下並非一國所有。如同台灣中學歷史教科書所指「許多英雄豪傑紛紛登上歷史舞臺」，政權更迭頻繁如星辰，例如西燕在一年之內（西元 386），歷經三位帝王登基，這些帝王有的上任不到一季（段隨），有的甚至不滿一個月（慕容顗），就被皇族內的成員推翻下臺命終。而皇親國戚之內，父子爭權，叔姪分裂，兄弟殺戮，核心忠臣一夕之間成為賊寇，今日為親、明日為仇，落得滿門抄斬，比比皆是。這些自詡為「承接天命所託」的當權者之間，經常將自己的兒子，有條件送往敵國當人質，或將寶貝女兒許配給前來尋求合作的敵人，作為彼此的互信基礎。

君王忙於算計各種效益，但自古以來，造成庶民苦難的因素：一是天災，另一正是政治。烽火交戰後，戰勝的一方，攻下城池首要之務，常強迫居民遷移至自己的都城之內。而統治者將百姓視為戰利品之一，最後也常自食惡果。例如，被史家視為「五胡十六國」一代強人苻堅大帝，他所創立的「前秦帝國」橫跨中國北方，中原晉朝天子無力招降。但是，在苻堅霸業衰退之際，那些遭苻堅大軍掠奪，被迫離開當今河北故土家園，移居到長安周邊的鮮卑人，也趁勢脫離成為「西秦」政權。

要立即分辨五胡十六國時期這些複雜混淆的國號：前秦、後秦、西秦、前燕、後燕、西燕、北燕、後涼、南涼、北涼、西涼……如我這般歷史素養淺薄的人，絕對是頭上發暈、臉上發囧的超大難題。

容許我分享對於這些政權所做的摘要，我們就以極度熱愛佛教的苻堅大帝「前秦」帝國為中心，此時建都在絲綢之路起點的長安，由他所延伸而出的枝椏如下：

●「前秦」：苻堅推翻暴虐無道的堂兄苻生，登基承接大業，網羅良相王猛、慕容垂輔佐，加上旗下勇將如雲，開創不可一世，富國強兵盛世。

●「**後秦**」：苻堅霸業衰落之際，他所倚重的軍事愛將姚萇反叛稱帝，建立「後秦」。苻堅深受打擊，至死難以釋懷。他倆共創大業交誼情深如兄弟，唯一差別在於苻堅是氐人，而姚萇是羌人，埋下割袍斷義宿命。最不堪的是，由於苻堅備受部屬敬重與百姓愛戴，死亡之後姚萇依然萬般忌憚，有勇無智的姚萇為了樹立威望，竟突發奇想將苻堅的大體挖出公然鞭撻示眾。

●「**西秦**」：同樣在苻堅「前秦」霸業走下坡之際，長安周邊被迫離開故土的鮮卑人，也趁勢自立成為「西秦」。「後秦」、「西秦」同時與「前秦」對抗（也就是，鮮卑族、羌族同時反抗氐族統治）。

●「**前燕**」：在苻堅所建的「前秦」同一時期，鼎足而立的還有中原晉朝與鮮卑族所統轄的「前燕」，三方展開慘烈的鬥爭。「前燕」最後亡於苻堅兵力，末代皇帝（慕容暐）甘於平凡終老於苻堅江山之下。

●「**後燕**」：鮮卑族的「前燕」亡，原本遭家族鬥爭而投靠苻堅的皇帝之弟慕容垂，斷然遠離苻堅的寵愛信任，返回河北復國，開創「後燕」大業。

●「**西燕**」：慕容垂復國「後燕」，但是姪子慕容泓不願力挺效忠叔叔慕容垂，慕容泓出走立國「西燕」。

●「**南燕**」：眼見西燕慕容泓立國數年之後，後燕慕容垂的胞弟慕容德也獨立政權為「南燕」，名符其實的兄弟鬩牆，鮮卑皇室種族與家族血緣之間，互信基礎之薄弱令人搖頭唷嘆。

●「**後涼**」：苻堅另一愛將呂光，奉派遠征西域龜茲國（鳩摩羅什的故土），劫持羅什法師，凱旋返國之際遭逢苻堅魂斷，無法進退的呂光，在涼州（現甘肅武威）稱王，創立「後涼」。（呂光跟苻堅同屬氐族血親）

●「**南涼**」：呂光旗下的大將軍禿髮烏孤（鮮卑人，姓名很特別），

不想輔助呂光的後涼國（氐人），脫隊攻奪蘭州一帶，擁兵自立「南涼」。

●「**北涼**」：眼看鮮卑人「南涼」稱王，不久，呂光旗下另一批匈奴部屬反叛，叛逃的沮渠將軍家族佔地卻不稱王，推舉扶持段業立國為「北涼」。沮渠家族叛變原因相當複雜，其中之一是難忍呂光生性殘暴昏庸所導致。

●「**西涼**」：同樣的劇情依然持續，「北涼」諸多官員，難以信服段業領導風格，聯合數個郡長叛變，推舉大將軍李暠為主子，共創「西涼」王國。形成河西走廊上的五胡「四涼」政權：後涼、南涼、北涼、西涼。

如煙花一瞬的江山王朝，讓後代世人難以弄得清楚。上述這些至高皇位，往往禁不起一次征戰的失敗而誅連全家，著名「淝水之戰」符堅命運就是如此，繼位的兒子符丕命運同樣悲慘。符堅被叛臣姚萇絞死之前，擔心寶貝女兒被辱，含淚親自了斷兩個掌上明珠的生命。而符丕在一次小小戰役（襄陵）逃亡之際遭斬猝死，毫無遺言，符丕髮妻楊皇后被俘虜，接收者垂涎美色想收為後宮嬪妃，楊女拔劍刺敵，沒有成事反而被當場誅殺。

苦，無非是這個大分裂亂世的世間眾生相，貧乏蒼白的心靈無以寄託，而此時，佛教適時扮演了這樣的膚慰角色之一。從皇室貴族，到坊間草民，虔心禮敬，讓佛教在中國土地上呈現史無前例的瑰麗風貌，造就人類文明最重要的遺產之一。正是此時，鳩摩羅什乖舛命運的足跡，在動盪的行蘊中一路緊緊烙進絲綢之路，冥冥安排下，他從遙遠西域被迎入了中土。

▲古絲綢之路敦煌陽關遺址

## 佛法恩澤　國主所依

　　吾所皈依師父，他深具德行，素來擁有高度民間聲望，在紛擾的政治氛圍裡，政界人士經常前來探訪，名義上總以「請益」來應對外界投射的目光。而在我曾經擔任台灣政壇官員的隨身秘書六年期間，其中一位比我還早接觸佛法，或許官場多紛擾，每逢心情煩悶之際，他總會捧著《金剛經》或者《心經》默默唱誦，能否獲得平靜或慰藉，想必只有當事人體悟。其實，宗教與政權的互動，自古以來頗為頻繁，但即使如此悠久，至今雙方互動的敏感性也從未退色衰減。

　　大漢年間，絲路向西開通，佛教隨之東傳。公元 67 年，東漢明帝睡夢中遇見一人，身穿金甲頭頂霞光，在皇宮上方飛行，微笑不語頻頻

示意。明帝夢醒，上朝說出夢境，要文武百官解夢，群臣語塞之際，見聞廣博、負責國家史料的太史傅毅稟告明帝：天竺國（印度古稱）有一得道高人，號稱為佛，佛的身上能夠放出光芒而且可以在空中飛行，這一定是佛向皇上託夢，也顯示大漢國運更加昌盛（最後這句話，是身為人臣絕對不會忘記的奉承之語，希望討得帝王歡心）。漢明帝果真龍心大悅，派出大隊人馬（蔡愔、秦景等十八人）從長安前往天竺一探究竟，中國佛教史上「明帝感夢求法」之際，佛教在天竺與西域諸國已流傳千年有餘了。

佛教傳入中國三百餘年後，鳩摩羅什法師所身處的大分裂大苦難時代，絕大多數君王忙於面對宮廷內的鬥爭與宮廷外的殘酷殺戮，戰亂中人，心中可曾空虛迷茫？或許，天天專注著如何保住性命與權位，根本無暇思及精神寄託？如此處境，實在難與佛教闡揚的「慈悲」、「眾生平等」的精神緊密契合。而事實上，不僅僅在官場等上流社會，佛教法益也深入民間與軍隊，如露水般潤漬枯槁困頓的人心。

這時期可見的例子之一，公元 381 年（這一年羅什法師 38 歲），建都在南京的晉朝，農曆春節剛過，晉孝武帝司馬昌明，在皇宮內正式設立「精舍」，並延請比丘進住，虔心修佛，官員上疏規勸也置之不理。國力瀛弱的晉朝，面對五胡亂華（匈奴、鮮卑、氐、羌、羯）的艱困處境，天子內心是否因此交相煎迫而尋求宗教慰藉，無以得知卻也不無可能。

再以晉朝的大敵，不可一世的苻堅大帝而言，國政與宗教的互動，更是名正言順。被苻堅奉為國師之尊的道安法師，就被安置在皇宮外殿，苻堅遇到任何決策難以取決，必定會徵詢道安的看法。尊崇佛學的苻堅，最初為了將道安這位高僧納為己用，公元 379 年，不惜以十萬大軍對東晉動武，兵入中原襄陽，攻陷之後，以恭敬大禮將道安法師迎至長安。苻堅將道安安置在長安的五重寺，僧團規模千人以上，道安法師並使沙門弟子一律以「釋」為姓，承襲至今。誠然，如果缺乏苻堅大帝的支持，加上苻堅所統轄之前秦江山安定富足，此等成就未必能夠達

成，「不依國主，佛法難立」實為道安有感而發之嘆。

　　苻堅護持佛法，但並未放棄一統江山的大業夢想！這一年苻堅45歲，正值人生頂峰，但做夢也料想不到，自己擁有之百萬兵力，竟然被晉朝名相謝安謝玄叔姪區區數萬殘兵輕易落敗，而且是「不戰而敗」的難堪場面。這場史上千古留名的「淝水之戰」，成為摧毀苻堅的最大關鍵。

　　苻堅在醞釀發動這場被史家視為「改寫中國歷史之戰」前，決策核心無不反對，兄弟反對、文武群臣反對、愛妻反對，連道安國師也提出「以天下蒼生為念」勸告苻堅，全都未被採納。我們也許可以窺知，當君王心意已決，即使來自宗教高僧的諄諄善導，也顯得毫無意義。

　　魏晉南北朝時期，如苻堅大帝這樣因為信仰佛教而廣求高僧的君王並非少數，道安的老師佛圖澄也是一例，佛圖澄被後趙的石虎，自西域龜茲國迎至中原奉為國師。絲綢之路上的龜茲國，是沿途往來的商賈、僧侶、軍隊等口耳相傳的佛教昌盛國度，繼佛圖澄之後數年，鳩摩羅什的盛名也在龜茲、疏勒、溫宿等西域各國流傳。邁入晚年的道安，為了

▲取材自古龜茲國克孜爾石窟之手繪藝術

長安佛教永續不滅，剴切建請苻堅遣使赴龜茲國，迎請鳩摩羅什前來。苻堅大帝因而比照當年攻入襄陽取得道安國師的模式，指派身旁驍騎大將軍呂光率領數萬兵馬，浩浩蕩蕩挺進西域。

「一念能動三千界」，公元 381 年，苻堅 47 歲，鳩摩羅什 41 歲，正因苻堅大帝的一念，羅什這位印度人與龜茲國公主的後裔，完全不懂漢語的西域高僧，人生從此出現無盡的磨難與轉折。苻堅派大軍挺進龜茲國未久，旋即「淝水之戰」鎩羽落敗又含冤命喪心腹，奪權篡位的姚萇依然牢記羅什法師這樁大事，卻直到兒子姚興繼位才得以圓滿願望。公元 401 年，改國號後秦的姚興，成功與後涼國呂光（劫持凌虐羅什法師的苻堅愛將）斡旋，58 歲已屆老年的羅什法師被恭迎踏入長安，姚興拜為國師，羅什法師除了弘揚大乘佛法，並在皇家御苑——逍遙園，與八百多名弟子譯經三百餘卷，這比起唐太宗援助玄奘法師設立的國立譯經場，還早了兩百年以上。

「苦，才是人生；痛，才是經歷；變，才是命運；忍，才是歷練；容，才是智慧」，吾皈依師父也常提點信眾們，吾等所寄是一個「堪忍世界」。思索羅什法師的畢生，歷歷揭示活著的根本是責任，為了這份責任，要忍耐，要犧牲，更須要堅強。

不論兵燹或是盛世，此朝方歇彼朝登場，彈指一揮千百年。佛法智慧如海，千年後的今天，「姚秦三藏法師鳩摩羅什譯」十一個字，有如鐫刻般印記在《金剛經》，也標記在《妙法蓮華經》。每當我思緒煩悶，持誦《妙法蓮華經觀世音菩薩普門品》一句一偈經文，當下，「姚秦三藏法師鳩摩羅什譯」十一個字，也如一朵淨無瑕穢的水蓮花在我腦海綻放，助我緩緩靜下心來。一切的一切，彷彿一座無形的橋樑，接引我進入中國大西北展開單程超過 4000 公里之旅（長安～帕米爾高原），只為尋找與羅什法師千年身影交會的因緣。

《第二章》西安：
開啟羅什塔的那一剎那，白髮師姊……

　　從台北飛廣州，逗留訪友一番，再飛西安，當我從咸陽機場進入市區，已是深夜十一點。夜色中的古都，馬路中央長長一列雕塑作品留住我的目光。

　　「請問，這是什麼地方？」我詢問鄰座的中年乘客，雖然不確定他是否西安本地人。

　　「這是『張騫出使西域像』，西漢時期，張騫就是從西安出發，這兒就是『絲綢之路』的起點。」中年男子一股腦兒説得很完整，我不禁想著，是否常常有人詢問他這個問題，使他隨時能對答如流。或者，應該説，是否每個西安本地人都明白這個標準答案。果然，中年人即刻反問我：「您打哪兒來？」

　　當知悉我從台北來，他即刻伸出熱情的雙手；得知我預訂的酒店在鐘樓附近，下車後他帶領我穿越鐘樓長長如迷宮的地下通道，從西大路步行到北大路酒店門口，才回頭走向他自己的目的地。無比感恩的我，才發現古老鐘樓的上方亮晃晃一輪明月。古老的長安，加上亙古的月光，「張騫出使西域像」開啟我尋找羅什法師的序幕。

　　公元前二世紀，漢武帝派遣張騫出使西域諸國，過程雖千辛萬苦，卻打通東西交流的大動脈——史稱絲綢之路。兩千多年後的今天，大西北沿途各主要城市的火車站內，常見到如同西安「張騫出使西域像」這樣的藝術創作，它們提醒鐵道旅人，正走著與前人相同的一條千古之路，只是旅行工具不同而已。

　　絲綢身價之高貴，詳於史冊。從漢朝歷經魏晉，到了鳩摩羅什法師時期的南北朝，依然名貴的絲綢「用途」甚至也用來抵罪；《史記》記載，公元399年後燕帝王慕容盛下詔：公爵侯爵犯罪，可以金錢、黃金、綢緞來贖身交保。此時期的諸國帝王，綢緞也是作為論功賞賜下屬的必備之選。

我決定隔日，好好去把「張騫出使西域像」看個仔細，希望實地體認張騫整軍出發前往未知國度的心情。當然，這必須等我圓滿達成草堂寺的行程之後。草堂寺，才是此行拜訪西安最主要目的地。

　　西安號稱「佛教第二故鄉」，究其因，隋唐時期，中國佛教八宗派，其中六個宗派的發源祖庭，正是在長安地區。六個宗派分別是：三論宗、法相宗、律宗、密宗、淨土宗、華嚴宗。此大乘八宗，是隋唐時期所列，但往前兩百多年的羅什法師譯經之際，佛法在中土方興未艾。而千年後當今的中國佛教，早已不僅僅大乘八宗而已了。

　　上午八點一刻，西安上班車潮漸歇，我終於見到了支兄。他來接我前往位在西安南郊距離約三十公里的戶縣，目標草堂寺。我準備了台灣高山茶，作為送給支兄的見面禮。

　　支兄是我廣州好友的哥哥，得知我前來他的故鄉西安，廣州業務繁忙的他懇求哥哥協助接待，這也是我由台北先造訪廣州當面去致謝的原因。儀表堂堂的支兄，原本服務於國企單位，在中國遭逢產業巨大轉型之際，五十多歲的支兄跟無以數計國企員工遭遇提早退休的命運。這批參與「中國崛起」的成員，退休後大多繼續保持讓自己忙碌著；除了爬爬山，支兄還嘗試自己做些小買賣。「當單位內舉目都是小伙子的時候，局面任誰都自認該退休了，才能把位子空出來給年輕人。」支兄對我說出肺腑之言，而這樣的氣度，確實為中國的富強做出難以抹滅的貢獻。

　　西安的美麗，改變我對黃土塞外的刻板印象。連綿成排的法國梧桐、優雅的雪松、豔麗的石榴花，將摩登大道妝點得非常迷人。車子出了西安都會，藍天金陽之下廣袤的田野莊稼，在風中搖曳的綠色麥子直灑向遙遠天邊，此地麥子一年一穫，收成後續種玉米等雜糧，自古以來糧食從不短缺。

　　「八百里秦川，四季平安」。秦川便是黃河最大支流——渭河，它穿越眼前這一大片關中平原。中國第一個統一王朝——秦朝，在此起

家。而富庶之地，才孕育得出人類文明，很多人可能想不到：台灣流傳的北管戲「花部」，其中就包含了「秦腔」，秦腔即是秦川此地流傳的梆子戲曲韻。

從西安到戶縣，車子一路暢行無阻，戶縣是西安人眼中的溫泉旅遊別墅區。支兄未曾造訪台灣，對我的一切都感好奇。但最想知道的卻是，我既不是來戶縣泡溫泉，且戶縣一帶，名剎頗多：香積寺、青龍寺等等，為何卻獨獨指定造訪草堂寺？

▲戶縣風景圖

「您知道鳩摩羅什法師嗎？」我問支兄，他微笑著搖搖頭。我很訝異也略感失望，如支兄這般知識分子，對羅什法師也印象闕如。我大略敘述羅什法師對中國佛教（或應該說漢傳佛教）的影響給支兄參考。「來西安，我就是為尋他而來。」

草堂寺確實是本地口耳相傳的休閒勝地，原因不是因為羅什法師譯經、下葬在此，而在於「草堂煙霧」是古來關中八景之一，它來自一口「煙霧井」，終年不歇冒出蒸騰的煙霧；據說，昔日這連綿煙霧甚至飄送達三十公里外的長安大雁塔。

上午十點，我們車子在草堂寺前馬路邊停妥，「終於到了！真的到了！」購票走入山門，我內心暗暗驚呼著，壓抑自己難以言喻的悸動。

　　創建至今已有一千六百多年的草堂寺，是中國佛教三論宗、日本佛教日蓮宗的祖庭，它被列為「陝西省重點文物保護單位」，據載，昔日羅什法師在此建造一間木屋，屋頂用茅草覆蓋，草堂寺之名由此而來；如今物換星移，寺院依然名符其實，顯得樸實無華，難以想像整個院區佔地廣達一百多畝。支兄跟我，信步走在凹凸不平的石板廊道上，放眼竟看不到第三個人，在大陸各個風景點總是人滿為患的慣例中，實在極為特殊。

　　「法華一雨潤萬物三根蒙恩、金剛威力化蒼穹入自在門」，巍峨的大雄寶殿，釋迦牟尼佛一臉莊嚴，迦葉尊者、阿難尊者分立兩旁，讓人看了心生歡喜。我雙手合十，向佛菩薩深深禮敬，大殿前廊陳列著草堂寺上月份圓滿完成的佛誕節浴佛紀錄。這些紀錄中，我有緣知悉草堂寺的現任住持是上諦下性法師。

▲大雄寶殿

空蕩蕩的氛圍中，瞧見大殿的左側不遠處，有一座典雅的小亭，小亭顯然極其重要，全都覆上玻璃窗櫺，上方還高懸「煩惱即菩提」。它吸引我走了過去，真真不可思議，小亭竟是我尋覓而來的鳩摩羅什塔。隔著一片片玻璃，羅什塔彷彿對我綻放著攝心的光華。它雖近在我眼前，我卻無法親近。因為，門深鎖著。

▲羅什塔外觀

▲六角造型煙霧井

羅什塔正後方，才是支兄期盼的目標——六角造型的煙霧井。大乾坤的神奇，讓人不得不讚嘆。既然戶縣這方圓之內都是溫泉區，來自地底下的煙霧熱氣資源，自是相當豐富。不過支兄透露，幾年前曾經來此造訪，卻未遇煙霧；如今再訪，眼前一片煙霧漫天，源源不絕自井底冒出，支兄喜孜孜指著我說，真是夠福氣。

羅什塔的正前方，是鳩摩羅什三藏紀念館。它是 1992 年由日本佛教日蓮宗捐贈興建，以報羅什法師譯經恩德。支兄跟我，穿過綠竹掩映，踏入鳩摩羅什三藏紀念館，館內正中央供奉著羅什法師的檀木座像，座像背後還有一幅洋溢日本畫風的飛天壁畫，我以無比虔敬之心，仔細端詳來自東瀛大乘佛教對羅什法師的尊崇。流連之間，終於遇見草堂寺內第一位僧人。這位比丘相當年輕，負責看管鳩摩羅什紀念館，知悉我專程自台灣前來禮敬羅什法師，二話不說點亮紀念館內全部燈光，頓時一片燈火璀璨，呈現不凡意境。

▲鳩摩羅什紀念堂　　　　　　▲羅什法師檀木座像與背後的飛天壁畫

　　我想起了羅什塔，向比丘詢問有無進入羅什塔的機會。「羅什塔的門不輕易對外開啟，而且門鎖就保管在方丈手上。方丈下午會在講堂接見客人，也許你可以去碰碰運氣。」比丘說得極為詳盡中肯。

　　羅什塔的完整名稱「姚秦三藏法師鳩摩羅什舍利塔」，埋葬的是羅什法師的不爛之舌。起源於羅什法師譯經之精準無誤，羅什曾經開示弟子，假若自己譯經有誤，死後火化則舌頭也隨之潰爛，但如果與梵文原意精準符合，則舌頭必定安然無損。羅什法師圓寂火化之後，弟子們果真發現羅什的舌頭完好無損，於是將舌頭下葬於此，並建造這座八寶玉石舍利塔。

　　我走回羅什塔，發現在它前方有一塊充滿歲月痕跡的華表，為了防止風霜侵蝕，華表以強化玻璃緊緊包住，「姚秦三藏鳩摩羅什八月二十示滅御葬」碑文歷歷在目，碑文具名中，除了多位大唐高僧，其中尚見

一個熟悉的名字——白居易。是的，唐代大詩人白居易在三十九歲之際，曾經在長安擔任翰林學士、戶縣令、長安周至縣的縣尉，熱愛山水的這位大文豪，筆下一句「瓶中戶縣酒」，道盡他與戶縣的好緣。可以推測，羅什塔這座華表，在法師圓寂兩百餘年後，出自唐代高僧文人對羅什法師的禮敬供奉心意。我想到佛法昌盛的大唐，白居易號「香山居士」，連個性不羈的李白都自號「青蓮居士」，文人雅士一片崇佛之風，令人嚮往。

▲羅什塔華表

「既然來了，就去跟方丈說說看！」支兄看出我的目不暫捨，提醒我也許機不可失。我們再次繞過大雄寶殿，穿過走廊，也根

▲羅什塔左下白居易

本搞不清楚哪一間才是比丘口中說的講堂，看見前方難得有人，主動走了過去。不得不再次慶幸自己何來的福氣，眼前不但是講堂，內中之人竟然就是草堂寺的方丈諦性法師。

諦性法師之所以門未掩蔽，實是因為正等著迎接已預約的友人前來。卻沒有想到訪客抵達前一分鐘，出現我這位不速之客。支兄還未醞釀好誠意的氣氛，就連珠炮般直言「這位客人千里迢迢從台灣來尋找羅什法師，方丈可以開啟羅什塔嗎？？」這般快人快語，我深恐冒犯方丈而遭婉拒，趕緊補上「冒昧前來打擾，還請方丈包涵，我從台灣前來，也是皈依的在家眾。」說時遲、那時快，一位白髮的俗家師姊，引著一

位訪客進來，是的，他正是諦性法師等待的友人。方丈僅僅詢問我在台灣的皈依師父是誰？即從口袋摸出一串鑰匙，再從中挑出一支，交給白髮師姊並吩咐著：「帶這位客人進去羅什塔。」上面這段過程，全都在彈指須臾之間發生，我暗暗驚呼，此等福分豈能得之？

▲白髮師姊

與白髮師姊的互動，又一次印證這份不可思議的因緣。她領著我跟支兄，再次回到羅什塔，正當開啟羅什塔門鎖的那一剎那，白髮師姊冒出一句：「羅什塔從來沒有為單獨個人開啟，除非是團體……」師姊說話充滿陝西鄉音，她還擔心我聽不懂她的意思，我用力點點頭，表達對她的感謝，她笑了。而眼前對於我而言，最重要的只有一件事，我對著羅什塔頂禮三拜。

現場三個人，白髮師姊與支兄靜靜看著我完成頂禮，了結一樁大願。我起身，仔細敬賞八寶玉石舍利塔。充滿樓閣形制的羅什塔，之所以稱為八寶玉石塔，乃因整座塔以玉白、墨黑、乳黃、淺藍、赭紫等

▲羅什塔

▲羅什塔説明

八色玉石砌造而成，塔周的浮雕充滿雲彩、水波、須彌山等紋飾，整座塔雖僅2.46米，卻是稀有珍品。隨著千年歲月洗練，玉石如今雖稱不上輝煌奪目，觸摸起來卻多了溫潤柔滑。頂禮三拜後的我，開始繞佛繞塔，仰望塔座、塔身、塔刹完整三部分，是羅什法師延續佛陀生生不滅的法輪，而何來因緣的我，如此貼近千古完人；我的神情肯定觸動了白髮師姊，師姊透露姓王，已經念佛四十多年，王師姊早年皈依諦性法師的師父，也就是説，她看著諦性法師接任草堂寺方丈。如今，已屆七十的王師姊負責打理草堂寺內十餘名僧人起居，而説著説著，寺內響起了敲板聲，一轉眼已經午時，比丘們紛紛準備用午齋。

我跟支兄起身告別，王師姊緊緊握住我的手，眼角洋溢慈祥的神采：「剛剛看你禮佛非常專注……」王師姊欲言又止，喃喃説著昔日文革時期，念佛非常辛苦，無止盡的壓迫，無量苦逼身。她再次問我：「我説話的口音，你真聽懂？」我再次緊緊握著王師姊雙手，「我懂，我了解！」我希望她明白我非常感同身受。人生是一場無常苦難，佛陀明示這是一個堪忍世界；換成是我，假若生逢王師姊那段磨難的歲月，我自己也無法保證能堅持道心而不退轉。而這段苦難過程，佛法與諦性法師的師父，肯定是支撐王師姊度過日子的重要力量。常説「信仰產生力量」，我想應該確實如此。

走出草堂寺山門，我心中法喜充盈，這整個過程，支兄是我名符其實的「貴人」。來到戶縣這個西安居民的休閒山區，支兄推薦去嚐嚐此地盛名遠播的農家餐，這些座落在溫泉渡假區的鄉村餐館，所有菜餚都

是一小碟一小碟，且重點是菜色以家常蔬食為主，例如清炒大白菜、西紅柿沾白糖，配上玉米粥，非常符合喜好茹素的我。昔日此地偏遠荒郊，農村餐桌難得出現魚肉，但這樣的生活面貌反而提供現代西安大都會民眾養生的角落。也讓人體認在此譯經後安度晚年的羅什國師，樂於清平的生活起居。

　　戶縣山區隸屬於廣大嵯峨的秦嶺山脈，秦嶺是中國南北水系的分水嶺，它一路橫亙河南、陝西、甘肅，秦嶺以北的河川向北流入黃河，而黃河最大支流——渭河，就發源於太白山，正是秦嶺山脈最高峰。退休後熱愛登山活動的支兄告訴我，大步開發的富強中國，打通秦嶺的鐵路公路，這些以往被評估為艱鉅的工程，如今都一一克服了。是的，滄海桑田，白雲蒼狗，兩千多年前佛陀早已開示世間萬物豈有永恆不變！

▲張騫出使西域塑像

　　回到西安市區，已屆下午交通尖峰時刻，馬路上車流如織，支兄如我所願送我到大慶路的「張騫出使西域像」。偌大廣場上空無一人，我來來回回流連於巨大雕像群間，石像在金色陽光斜照下顯得磅礴，昂首成列的駱駝與駿馬，甚至還有伶俐的狗兒相隨，馬背上的張騫充滿自信的英姿。我不禁遙想昔日的張騫大將軍，啟程前夕的思緒如何？旅程中面對茫茫戈壁當下的心情又是如何？他是如何穩定離家千里的軍心士氣？奉旨率隊向西出發的他，目標是探索大漢江山鄰近未知的國度，正是這個政治上的因緣，間接促成人類文明的偉大交流。

　　雖不知大將軍出發前夕的心緒，但我卻極度期待隔天要告別西安古城。我將沿著渭河與秦嶺山脈而西行，尋找過往五胡十六國南北朝流沙歲月中，任憑飢荒、壓迫、戰火，也無以湮沒、不可說的善哉力量。

足跡照片牆

▲西安古城牆

▲西安地標大雁塔與塔內三佛

▲西安鐘樓

▲西安鼓樓

▲西安回民街

《第三章》天水：
麥積煙雨！麥積煙雨！

　　告別西安，路過寶雞，火車一路沿著渭河向西奔馳，這個路線正是古絲綢之路的軌跡。躺在舒適的軟臥上，車窗外視野稍縱即逝，觸目所及黃土高原的植被愈來愈稀少；從陝西進入甘肅省，目的地是當今甘肅第二大城市——天水。

　　絲綢之路往來孔道中，天水是進入長安的必經咽喉，亦是苻堅大帝（前秦）、姚興（後秦）江山重地，鳩摩羅什法師被姚興從後涼國迎進長安，必然經過此地。也因為是絲綢之路東段佛教文化重地，天水方圓五十公里內石窟林立：麥積山、拉稍寺、大像山等等，對我都充滿吸引力。

　　清楚記得天水火車站候車大廳的天花板上，就繪有描述絲綢之路的巨幅彩畫，彩畫內容有一個重要的元素，正是佛教石窟。雖然，天水還有一個號稱比佛教更為古老的中國文明「羲皇故里」——人稱伏羲、女媧的故鄉；「人文始祖」伏羲廟是此地十分興盛的廟宇，台灣供奉伏羲的寺廟亦分靈於此。

▲天水火車站絲綢之路彩畫

　　同車共舟何其有緣，從西安要返回嘉峪關的刁先生，就在隔壁軟臥。刁先生一眼就認定我來自台灣，理由是我捧著繁體字的書籍。多年以來在大陸旅行，早就習慣身旁同胞對於台灣一切的好奇，或者我應該說是關心，這份關心任憑到了遙遠的新疆最西邊陲、內蒙、大興安嶺，依

▲天水市區秦州區

然有人對我殷殷表達。刁先生是國家級土木精英，從年輕就參與建設水庫、電廠，六十多歲依然硬朗，他學識淵博，滔滔不絕說著歷史上黃河的變化與漢人的遷徙……我們其實相談甚歡。我簡單提起此行的計畫，「您知道歷史上比玄奘法師更早的佛教高僧鳩摩羅什嗎？」刁先生頓時啞然，隨後微笑著搖搖頭，他可能感受到我心中微微的失望了。

約莫三個小時後，窗外景象丕變，荒涼的黃土地竟又變成青山綠水，素有「塞外小江南」的天水到了。刁先生反覆叮嚀，盼我千萬別匆匆路過嘉峪關，強調那是個超乎迷人的新興城市，他非常期待彼此再次相聚，然緣起緣滅，世事豈能盡如人意？在我日後五年的千里行程，彼此從未有緣再次一敘。

天水市區共分成兩區：秦州區、麥積區，兩區竟然隔著一座遼闊的飛機場，市民要往來兩區之間，唯一的途徑是行走機場外側的快速公路。我從火車站下車，身在麥積區，經過快速公路旁一望無際「未開發其實是機場跑道」的綠地，才抵商業繁華的秦州區。

午後兩點，小姚來接我，一坐上車就讓我無限驚喜，因為車內供奉著觀世音菩薩，這實在令人匪夷所思，眼前的小姚，約莫才二十多歲而已。其實，跟小姚並不認識，他臨時被龔兄指派來旅店接我，龔兄因為上級臨時召開會議，一連串的「臨時」，使得小姚被要求放下原有的任

務，接我前往麥積山。

個性內向的小姚，一路上話語不多，只說車上觀世音佛像是一位法師所贈。「你平日有念佛嗎？」我問，小姚搖搖頭；「師父有希望你念佛嗎？」再問，他笑著點頭。大慈大悲的觀世音菩薩，開啟了他我雙方的因緣。

車子繼續往山上開，經過連綿果園，享譽盛名的天水蘋果，據說產量佔全中國大陸蘋果第二名，光這一點就足以說明這片古老豐美的大秦土地了。天色略為陰沉，地面上感覺曾經下過雨。「說不定你有福氣，能看見『麥積煙雨』」小姚說。景象夢幻的「麥積煙雨」，被列為天水八景之首。不由得聯想到戶縣草堂寺內的「煙霧井」，不曉得是否如出一轍的美景？但我又想，人生不如預期的事十有八九，幸運之神理應不會一直眷顧著才對。

午後三點一刻，遊客紛紛下山而去，石窟園區有如清空。麥積山，山如其名，有如麥子收割完之後，麥梗堆積的樣子，北方人稱為麥垛；在我成長的台灣農村，昔日稻田收割完之後，稻梗曬乾，同樣也會堆積成類似的尖塔狀，我們稱它「草墩」；這樣形容，大家就知道麥積山的模樣了。

石窟開始建於五胡十六國的後秦，羅什法師後半段人生，因為後秦姚興這位帝王的傾力護持，而留名千古。麥積山後經北朝、隋唐、五代、宋元明清，各朝代不斷在 20 至 80 公尺高的懸崖峭壁上開鑿，現存 194 個以北魏洞窟為最早。歷史長河中，北魏與後秦，相去不算太久遠。

北魏是北朝的第一個政權，由鮮卑強人拓跋珪建立。南北朝群起的豪傑，我認為拓跋珪與苻堅分量上可相提並論，兩人同樣推崇佛法，立佛教為國教。拓跋珪於當今的山西省大同市建都（時稱平城）。憶起多年前，當我步出大同火車站，當下對煤灰煙塵的大同市感受到一股莫名的滄桑，自己也說不出所以然，直到進入雲岡石窟，看到一尊尊千年佛

菩薩塑像，飽經風霜的臉龐與慈悲眼眸，彷彿凝視人間的萬變與淒涼，那一刻的我眼眶濕潤，內心並不知道是被佛法的攝受或者是亙古不滅的偉大所引發。如今踏上絲綢之路重新翻閱一千多年前五胡十六國的時代軌跡，方寸頓時解開迷霧。那便是：如此燦然歷史的延續，任憑風沙日夜侵蝕吞噬，佛性大覺卻永不衰敗。

強悍的拓跋珪，性格卻多情（有史學家評論為好色），其不勝枚舉的案例包括：降服敵人匈奴部落將對方女兒納為愛妾；俘虜敵人後燕帝王後，迎娶後燕公主且封為皇后。而後秦姚興，為了鞏固霸權基業，將愛女西平公主許配給拓跋珪兒子拓跋嗣，兩帝王結為一家親。但任憑皇圖多麼不可一世，唯有帝王曾經信奉的佛法得以不朽。今天，北魏時期開鑿的雲岡石窟、後秦開窟的麥積山，同樣輝煌於後世。

▲三大摩崖佛像

購票進麥積山，迎面景象令我震懾，一片山壁拔地而起，山壁上聳立三尊巨大塑像，中間是高達十六公尺的佛門世尊釋迦牟尼，左右脇侍文殊菩薩、普賢菩薩，這三尊泥塑上方毫無遮蔽，任憑風吹日曬雨淋雪降，歷經兵燹砲火地震，如如不動千百年。此三大摩崖佛像，有如為世人指引迷津的明燈，可謂整個麥積山的守護神。

▲凌空棧道

▲「有龕皆是佛、無壁不飛天」

▲第三窟千佛廊

　　非常幸運遇見年輕導覽員小趙，他帶領我登上凌空棧道，逐一拜訪歷代洞窟，這些洞窟層層相疊，密如蜂巢，而棧道寬度只能容納一人行走，穿梭其間，腳下其實騰空，更能體會開鑿石窟的人勇氣非凡。

　　「有龕皆是佛、無壁不飛天」的麥積山上，來到第三窟名喚「千佛廊」，行走於窄小的棧道上，千尊菩薩結跏趺坐在旅人身旁，神韻渾圓飽滿，飄逸的出水曹衣，斑駁滄桑中也掩不住光華。菩薩塑像與訪客中間雖然以鐵網隔絕，但凡經過之人，絕對能輕易攝受於心，無上清淨道氣在動靜之間似乎凝結。此刻遊客實在稀少，原本僅能單向走動（不走回頭路）的棧道上，我在千佛廊前任意來回移動，仔細端詳一尊又一尊佛國的容顏。

　　第五窟，令人貪戀。佛陀正在開示說法，背後隨處結祥雲的壁畫光彩鑑人，佛陀兩旁聲聞佛法的兩

46

尊塑像笑容可掬，神情栩栩如生，麥積山石窟被譽
為塑像博物館，塑像體型大小如常人，這兩尊綻放
笑靨的菩薩，宛如兩位尊者活生生示現眼前。尤其
左側菩薩，雖然髮髻明顯龜裂剝落，且兩眼大小有
別，反而更貼近眾生之相，美得讓我捨不得移開腳
步。

　　第三十七窟「虔誠的菩薩」，面容豐滿，形體
修長，雙手自然交叉於胸際，菩薩笑容可掬也盈溢了四周氛圍，她滿懷
的歡喜百分之百已經感染了我，小趙強調她是麥積山塑像的極致精品。
第四十四窟的西魏塑像，佛像面容端莊典雅、微微俯視、和藹可親，被
鑑賞家形容展現東方美學的最高意境。我聯想到佛經中常言：「何緣能
得此相？」表示勤修功德累生累世不懈之後，也會有此美麗之相；這或
許也是一種引導人向善而能受果報的法門。

▲三十七窟虔誠的菩薩

▲四十四窟西魏塑像

　　一路攀上伴隨無數讚嘆，我佇立在東崖三大佛文殊菩薩巨大石壁雕
像之前，菩薩晶瑩閃亮的眼瞳，讓人不由得虔誠合十，這裡是最靠近山
壁上三尊菩薩的「黃金照相點」，熱心的小趙為我留下人生喜樂剪影。

▲散花樓是麥積山最高的洞窟

▲散花樓展現繽紛之美的飛天

再沿著棧道步步高升，來到東崖三大佛上方最高處「散花樓」，是麥積山位置最高的洞窟，也是最輝煌的殿堂式大窟，最早開於北朝時期，唐、宋、元、明相繼修繕。小趙建議把握機會在此想逗留多久就儘量逗留，眼前的泥塑菩薩、天龍八部、勇猛力士個個璀璨不凡，石窟上方崖壁，更有藝術已臻顛峰的飛天，這些飛天均為北周原作。我竭盡全力地抬頭仰望，懊惱沒有攜帶望遠鏡前來，但卻已感受飛天美妙的神采。佛經中記載，佛陀講經之際，漫天必現飛天，群飛向佛陀蓮座護法。這些飛天菩薩包括：童子飛天、樂舞飛天、供養飛天。

眼前「散花樓」展現繽紛之美的飛天，有的手執樂器演奏，有的手

捧供物，輕盈飛旋在鮮花與祥雲的虛空之中。小趙說這些飛天，是麥積山的象徵之一。雖然我的脖子幾乎僵硬，雖然頭上這些飛天壁畫渺小遙遠，但端視這些飛天，耳畔彷彿聽見美妙梵音，我心中油然想起唐朝詩仙李白《古風》詠飛天仙女的詩句，雖然李白並非親炙麥積山所作：

素手把芙蓉
虛步躡太清
霓裳曳廣帶
漂浮升天行

身在麥積山最高石窟，放眼腳下四周，整片青翠山區已山嵐籠罩，迷濛霧氣中天空滴滴甘露水竟說來就來。「您實在太有福氣了，竟然遇見『麥積煙雨』！」小趙雀躍地說。

正是，就算同一天造訪麥積山，有人早來早走，有人如我晚來晚走，日復一日緣起緣滅於片刻中，要遇見麥積山下雨，仍不減遊興，看見的風景果真就是不同。「可是，我比較想看見晴空萬里的麥積山喔！」我笑著回答小趙。「那太平常了，

▲身在麥積山最高石窟，整片青翠山區已山嵐籠罩

咱這裡天天都是晴空萬里……」小趙說。

旅人如我，何其有幸有福，輕易獲取眾人難覓機緣，竟忘了《地藏菩薩本願經》所示之稻麻竹葦、草木苗稼、川澤之神，一念恭敬之心，理當感恩牢記。

回首多苦多變的歲月，佛經所云之動經塵劫，公元 1840 到 1949 百年之間，帝國主義在中國強取豪奪，其中有一批西方人，自稱研究探勘

的冒險家深入新疆西藏到甘肅這一片廣大範圍內，將黃土沙磧中的歷史古物整批盜走，莫高窟、龜茲克孜爾千佛洞、吐魯番柏孜克里克千佛洞、羅布泊、塔克拉瑪干等地，完全不設防變成群魔亂舞的樂園，這些洞窟文物如今被展示於歐美各博物館與知名的學術機構。

麥積山洞窟熬過紛亂的五胡十六國南北朝時期之後，深居隴東偏遠山嵐叢林，幸運逃過貪婪的歐美人這段比佛教史上「三武之禍」更大規模的斷傷；1950 年代中國才正式管理麥積山，彼時媒體計畫前來拍攝麥積山將璀璨之美公諸於世人，然麥積山研究單位苦苦哀求之下得以暫緩，「低調」才使得這些文明瑰寶安然度過文革浩劫。

我是本日石窟園區封閉之前最後一位離開的旅客，站在園外，深感沁涼如水，煙雨籠罩整座麥積山的景象，的確美如詩畫；當今這座丹霞地質山丘上，深藏七千多座歷代塑像、無數雕像與壁畫。歷史上這裡曾經是佛教興盛的國土，冥冥之中彷彿有一股「不可說」、無限的力量護衛著這些人類珍貴遺產。

《第四章》蘭州：
此等娑婆世界，遺忘寄身何處

火車延遲之下，抵達蘭州市已正午時分，回頭一望，火車站後方倚著一座倏地拔起的大山，這畫面令人立刻愛上這座城市；但我實在無法立刻瞧個端詳，因為預定入住的酒店有人等我近三小時了。

▲蘭州火車站（後方倚著大山）

飛奔踏進旅店大堂，來喜兒隨即迎上來，手上提著專程準備的香甜瓜果；說來頗為冗雜，總之，我有個北京客戶是人稱「小清華大學」──蘭州大學出色校友，得知我的「羅什計畫」路過蘭州，於是安排來喜兒負責接待，雖然初相見，但彼此卻極為投緣，原本計畫一起邊用早餐邊討論全天行程，豈料見面已日正當中。

安頓所有手續後，來喜兒又匆匆引導進入一家清真麵館，麵館傍著黃河南岸正人聲鼎沸，名聞遐邇的蘭州拉麵，味道果真濃郁了得，美食使人心靈沉靜，我這才倚窗仔細瞧著對岸繁華的蘭州城。

蘭州市開埠極早，公元前86年大漢王朝在此設置金城縣，取「金城湯池」之意，可見這座被黃河之水旖旎流過的城市，自古位置兵家必爭。順著悠悠黃河水，視線流過不遠處的蘭州大鐵橋，令人萌發更古老幽情，昔日羅什法師肯定路過蘭州，經天水前往千山之外的長安。其實，五胡十六國時期，不少亂世帝王崛起於蘭州。我們且回到不可一世的前秦苻堅大帝，公元383年淝水之戰他大敗逃回長安，政權似摧枯拉朽般崩解；苻堅此時愛將呂光，奉命遠征西域劫持羅什法師，歸途在涼州稱王創立「後涼」。呂光旗下的大將軍禿髮烏孤（鮮卑族），不願繼續為氐族呂光效力，率族脫隊攻下蘭州，擁兵自立「南涼」，俟江山底定，南涼將都城向西遷往數百公里之當今青海西寧市，獨霸一方。

▲ 黃河之水流過蘭州市

▲ 蘭州大鐵橋

　　快速用完午齋，來喜兄直驅蘭州西南方 70 公里外永靖縣，走訪吾此行蘭州唯一目的——炳靈寺石窟。山路蜿蜒荒涼，約莫一小時後，我們抵達永靖縣城；雖是縣城，卻僻靜純樸，「黃河三峽」指標在藍天金陽下顯得無比醒目。路上沒有其他車輛，來喜兄這部車立刻引起商家們注意，紛紛前來探詢我們「遊湖嗎？」。

　　沒錯，想一親炳靈寺石窟，就得搭乘遊艇穿過劉家峽水庫才能到達。熟門熟路的來喜兄，不花功夫就挑中擁有數艘快艇的船東。三十多歲的金船長，其實根本不用自己上工，但正逢淡季，下午閒來無事，因緣巧

▲ 劉家峽水庫

合竟親自為我們服務。準備啟航之際，兩位躊躇在岸邊約莫十五、六歲的女孩詢問能否湊團搭船，一經探詢，兩姊妹來自張掖農村，姊姊抵蘭州學習女子美容技藝，經濟尚未獨立的她接待農村妹妹來此一遊，對小姊妹而言，遊湖鐵是筆不小的開支；來喜兄一念慈悲，適時解決旁人的難題，兩位女孩如願搭上我們的包船。

　　馬不停蹄的快艇，向西逆流而上，船上乘客雖區區四人，金船長依然賣力導覽，但語氣明顯輕鬆自在些；炳靈寺石窟距離大壩上船處約54公里，單程航行逾二小時。

　　方圓之內再無第二艘船，除了本艘快艇劃過水面的波紋，天籟地籟加上水的空籟，寸土乾坤彷彿無聲說法；這清冽的河水，顛覆我心中的黃河形象，顛覆我對西北黃沙的印象。吾所皈依的法師曾訓勉弟子們，行善當如「粒米成籮、滴水成河」般涓涓不斷；黃河從青藏高原萬年冰川滴水匯聚發源，進入甘肅永靖縣此地水流依然清澈，滋養無數眾生並造化出風光秀麗的「黃河三峽」：炳靈峽、劉家峽、鹽鍋峽。我們行走在寬闊浩淼的河中央，兩旁山丘猙獰皺褶，雖不若長江三峽兩旁山陵蓊鬱蒼翠，卻饒是一番韻味。

　　劉家峽水庫面積大約 130 平方公里，但是船行至炳靈湖，才真讓人

▲黃河三峽

▲炳靈湖

驚嘆水域之大，水天皆一色彷彿望不到盡頭，詢問金船長河水為何呈青
碧之色，原來此湖泊，早在水庫闢建之前就已存在，湖最深八九十米，
黃河水流過此湖，水中細沙遭沉澱淨化，所以湖水青碧。整個劉家峽
水庫這些蓄水，除了發電還兼供應蘭州、天水、青海西寧等民生使用。
這座水庫是甘肅人的驕傲，也絕對是中國人的驕傲，因為是中國自己設
計、自己施工、自己建造的大型水電工程；1974 年竣工時，是當時亞
洲第一座百萬千瓦級大型水電站，資料顯示前中國最高領導人胡錦濤先
生年輕時也曾參與過此工程。

　　金船長滔滔不絕述說歌頌著偉大的故事，我不由得思及萬年不斷的
黃河水，五胡十六國時期此區隸屬西秦所有；當時脫離苻堅大帝「前秦」
統治的鮮卑族，在當今劉家峽水庫南方一帶，建立西秦政權，統治超過
40 年，炳靈寺石窟即是開建於西秦時期。但國力更為強大的「後秦」
姚興，攻滅後涼，並降服西秦；我思索尊佛敬僧的姚興，昔日親征西秦
是否經過眼前炳靈湖？即使僅短暫屯紮、飲馬黃河岸旁？

　　船行兩個小時，河岸山勢愈加奇特，我們宛如進入中國水墨畫的空
靈世界。岸邊丹霞景觀在午後陽光下顯得俊秀耀眼，此即炳靈石林，來
喜兄顯然見慣如斯美景，唯有小姊妹與我三人嘖嘖百聞不如一見。船身

▲炳靈石林

▲萬笏朝天奇觀

靠岸，回眸一望，方才經過的炳靈石林樣貌丕變，千姿百態呈現「萬笏朝天」奇觀。此等婆婆世界，遙想亂世年代，避亂求之不得。頃刻間，吾幾乎遺忘寄身於何處了。

下午船班稀疏，果如預料來客不多，一位園區年輕女研究員——小胡來導覽，我們一行四人使用一位導覽，好不「奢侈」！

謙沖溫婉的小胡對佛學頗有研究，言及五胡十六國時期不少帝王是佛教徒，開窟的西秦，統治者亦廣弘佛教於江山。石窟於西秦建弘元年（公元 420 年）始建，歷經北魏、北周、隋、唐，至今已 1600 多年歷史。千年間多次易名，明朝永樂定名炳靈寺，「炳靈」來自藏語，意為

十萬佛。小胡帶領我們，進入一座座蓮峰崖壁間，只見石窟龕群層層相連。此區是絲綢之路龐大系統中一條南方支線，同樣是行者信仰心念而成，然比起天水麥積山，炳靈石窟在山壁的高度更容易親近些。

來到第一窟，令人訝異，僅存腳下一方石牌寫著「第一窟，西秦，明重塑」。石牌右側昔日圖像顯示此佛龕原本有一尊立佛兩尊脇侍菩薩；小胡細說立佛是西秦開龕所塑石胎泥塑，明朝增塑兩尊脇侍菩薩並增飾彩繪。可惜的是，1967 年劉家峽水庫開始蓄水，此地雖然距離大壩 54 公里之遙，卻是蓄水區之內，工

▲第一窟深藏在腳下

程最後決定將整個西秦壁畫鑿離以文物保存，佛龕做好防護堤之後就地覆蓋深埋於腳下十米之處，只留石牌讓人冥想憑弔。我回頭一望，是的，佛龕所面對之處，眼前是一片峽溝之地，此時並非豐水期卻可見泥水，想必黃河汛期溝水更加豐沛，由此可見劉家峽水庫有多龐大了。炳靈寺園區大致包括炳靈下寺、炳靈上寺、洞溝三部分。此刻吾所流連的石窟群，正是洞溝區塊。

第一窟深藏在腳下，第二窟卻在舉頭三尺高處，只見絕壁上一座北魏洞窟門扉深掩，別說遊客眼睛欣賞不到，就算想要上去也無從爬起。原來這是特窟之一，遊客如果要登上欣賞，園方會派人架好木梯攀爬而上；而既然是特窟，就得額外收取不菲的費用，並不包含在門票之內。盡責的小胡生動描述這個北魏時期華麗的洞窟：三尊泥塑佛像，中間釋迦牟尼結跏趺坐，兩旁站立脇侍菩薩，塑像一如北魏風格，薄唇秀骨眼角細長。洞壁彩繪細緻，彩畫內容有菩薩、飛天、弟子等等。帶著遺憾走過第一、二窟，幸好，第十六窟北魏時期的大臥佛，以及接續而來的

北周、隋唐時期的洞窟，莫不璀璨非凡。

北周時期色彩炫麗的第六窟，一佛二菩薩石雕面容飽滿，髮髻低平，頸部粗短，出水曹衣下敦厚身軀，佛陀雙手結禪定印。洞壁繪以禪定千佛，佛與佛間以樹相隔。眾所周知佛悟真理於菩提樹下，但千年前菩提樹

▲第二窟在舉頭三尺高處

卻非中土可見，於是洞窟內所畫的菩提樹，美麗卻不具寫實意象。小胡解說導覽非常周全，總是逐一說完之後，再叮嚀我們各洞窟拍照的重點（只要不開閃光燈這是被允許的），我與張掖小姊妹努力做筆記並忙著攝取藝術精華，手腦並用，忙得很。

接續北魏時期的發展，北周此時羅什法師演教譯經已功德圓滿數十春秋，留給後人最珍貴的古德資糧。回顧自漢朝以來，魏晉五胡十六國南北朝時期佛教之所以興盛，學術人士認為諸多原因，包括：絲綢之路商賈往來、社會動盪民心空虛、以及北方各族抗拒中原道教風潮等等莫衷一是。而佛教經過多位帝王鼎力護持，正要邁入最輝煌的隋唐盛世，這其中也遭逢無數逆境，包括佛教史稱之「三武滅佛」。

人稱「三武滅佛」或「三武之禍」，北魏太武帝、北周武帝、唐武宗三位帝王下詔全面絕禁佛教的合稱。為何企圖消滅佛教呢？緣由千經萬端，然以佛教最興盛的盛唐而言，由於佛寺免賦稅且被允擁有土地等諸多優惠，

▲洞窟內所畫的菩提樹，美麗卻不具寫實意象

▲第十六窟遷移過來的大臥佛　　　　　　▲第十一窟，塑像衣著有吐蕃的神韻

無不觸犯貴族與地主的利益，人之貪瞋癡念讓謗佛之論輕易而起。北魏強人拓跋珪立佛教為國教，但拓跋珪的孫子拓跋燾（北魏太武帝）廢佛教並改立道教為國教，北周武帝宇文邕、唐武宗李炎大肆「滅佛」，但炳靈寺石窟內，數量最多的盛唐塑像、北魏北周時期佛像的長存至今，奇蹟是僅能形容的結論。

　　除了受西秦統轄，此地也曾是北魏版圖，但太武帝下令禁絕並未讓第十六窟的大臥佛灰飛煙滅。描述佛陀進入涅槃狀態的臥佛，如今供奉於石窟群泥溝對面的臥佛院內。小胡指著十六號洞窟原址表示，跟西秦第一窟同樣原因，當初為了水壩蓄水不得不將臥佛遷出，修復過程中發現臥佛泥塑竟有三層，表層為明朝，中層為唐代，最內是北魏所塑。2001 年重修恢復北魏原貌公諸於世，是目前中國現存唯一北魏臥佛。我與小姊妹也去禮拜了這尊身長八米的臥佛，有別於常見的雙眼半闔，此尊臥佛腳穿木屐，雙眼緊閉成一線，安詳莊嚴讓人目不暫捨。

　　炳靈石窟現存窟龕 216 個，塑像 800 多座，這些佛像、菩薩、羅漢、力士的造型生動甚至笑容可掬，有些衣飾帶著異族色彩，例如第十一窟，塑像衣著就有吐蕃的神韻；而彩繪壁畫間綴以波斯地區常見的棕櫚樹或椰棗樹，足以證明絲綢之路東西方各族來往穿梭千萬里的宏闊年

▲蓮峰崖壁間，石窟龕群層層相連

▲第三十一窟，一佛二菩薩二弟子

代。

　　沿著步道，我們右手邊是水庫區大泥溝，左側是洞窟堆疊的高牆崖壁，山谷內涼風陣陣吹起，吾等好不愜意。穿過一個挨著一個的洞龕，來到第三十一窟，小胡將速度再次放慢。只見小小龕內五尊塑像一字並列，一佛二菩薩二弟子，肢體完整，衣衫輕飄，五官端正，微笑如熙，觀者如我油然生起對佛國的嚮往。這個盛唐時期小小佛龕，如此自在盈溢的意境，被評選成為炳靈寺石窟門票上的圖像。

　　方寸還在咀嚼體會，高達27米，盛唐所塑的炳靈大佛像已在不遠處迎接吾等，雖然正在進行整修，但祂刻鑿於山壁的形體卻清楚可見。佛像上半身以山壁岩石刻成，下半身以泥塑成蹲坐形狀，人站在佛足一旁，更相形渺小。我並沒有查到關於雕刻者的真正資料，雖然傳說是唐朝文成公主下嫁吐蕃王時，隨行的工匠

▲高達27米，盛唐所塑的炳靈大佛像

巧思塑造。

　　大佛像的左上方，棧道曲折而上直通第一六九窟，這是另一處西秦特窟，保留大量西秦時期塑像與壁畫，小胡再一次說明參觀特窟另外計費的相關規定。不過她最後還是給了專業級的建議，由於洞窟內並無照明，想一窺究竟的人即使入窟亦難免失望，倒不如造訪炳靈寺研究單位的網站，也能仔細瀏覽透過專業攝相製作的解說。千年後的吾等現代人，拜科技造福之賜，依然能讚嘆一六九石窟北壁上的《文殊菩薩問疾圖》，此是目前所見最早的維摩詰經變圖；也可以鑑賞「建弘元年」墨書題記，此四字不但見證西秦開窟於此，亦成為我國石窟中有明確紀年的最早題記。題記刻文亦印證後代之人梁朝《高僧傳》史書所載，西域高僧曇摩毗來到西秦國都袍罕（當今石窟不遠處的臨夏市）「領立徒眾，訓以禪道，西秦奉為國師。」這段載文讓人回想起一段與鳩摩羅什相關的傳奇：苻堅大帝命勇將呂光遠征龜茲國，擄走羅什國師，羅什身旁的僧團紛紛苦行遠赴中原，費心只為尋找羅什的下落，這些高僧的際遇與命運隨著動亂的變化而變化，有的甚至消逝於荒漠，但這群人對當時中土文化與佛教流傳卻進而產生或多或少的影響……此時來到西秦國的西域高僧曇摩毗，受到西秦帝王鮮卑乞伏家族奉為一國之師，其德行智慧必然崇高。旅人如我，雖無資質慧根看出學術真貌端倪，不過，當因此知悉羅什法師與姚興弘法的年代裡，此地已是同時期的佛教重地，不免也同霑法喜。

▲第一六九窟，另一處西秦特窟

　　就在大佛足前，小胡為我們圓滿導覽之緣，她建議我們繼續前行，過「黃河第一橋」，泥溝對岸還有不少風光可賞。我們當然是為親睹第十六窟遷移過來的大臥佛，臥佛所在是一處五屋大

61

堂，堂前香火裊裊。我合十頂禮，回頭也見小姊妹聯袂跪拜，雙眼緊閉，不由得讓吾心生祝福她們早日在張掖家鄉擁有屬於自己的一方天地。這尊第六世紀北魏延昌時期的泥塑臥佛，脫去明代唐代兩層外覆，雖無光滑容顏，六度力道更顯。

　　走出臥佛院，泥溝對面方才走過的石窟龕群一覽無遺，太陽反射下，《地藏菩薩本願經》中所形容之千輪毫光不知是否就是如此瑰麗之相，諸佛彷彿舒張雙臂歡迎我們來此回歸自性。前方山凹處，藏傳佛教名剎炳靈上寺的梵音傳出，應該是晚課時分了，倘若允許在此掛單，我真希望能在此待上一宿。

　　回到下船處，金船長已待命逾三小時。金色餘暉下，快艇再次飛奔，回到劉家峽大壩區已近七點，西北天黑得晚，回到蘭州正是華燈初上。有感於小姊妹純樸上進，來喜兄收兩人為乾女兒，我們一行人漫步在蘭州大鐵橋上，橋下黃河之水，她流過炳靈石窟區，再流過劉家峽水庫，大通河和湟水等大支流匯入，水色漸黃的她彷彿已容納紅塵五濁，慈母般的身影向東揚長而去，景象竟令我迷眩了……。

《第五章》武威：
大嬸好客，涼州城門繞三圈

　　快速向前飛躍的中國，每隔一段時日就有傲視全球的建設成果公諸於世。從蘭州出發前往武威，得知連霍高速公路（從東端連雲港直達西端霍爾果斯國境，總長 4300 公里）此段烏鞘嶺公路隧道已貫通通車，於是我決定捨棄火車選擇公路巴士，去一覽烏鞘嶺海拔超過三千米的風光。

　　旅人我並非第一次到武威，有一回從蘭州開往武威的火車，躺在硬臥閱讀之際，傳來列車服務員甜美的播音，提醒乘客正要經過烏鞘嶺隧道，她大意述說此超過廿公里的鐵路隧道曾是傲視全球工程傑作。我清晰記得車廂內慎重熄燈、輕柔音樂中平穩穿過這座曾是中國最長紀錄的鐵路隧道，但很可惜，旅客看不見窗外的偉大！此回，當我坐上蘭州開往武威的快速巴士那一刻開始，心中就期待烏鞘嶺公路隧道群的抵達。

　　出了蘭州，映入眼簾依然是令人發愁的荒涼之地，巴士內雖有冷氣空調，仍然可感受到窗外蒸騰的熱氣。陸陸續續停靠幾個小城，我的視覺在車外景觀與車內播映的大陸電影交錯中，約莫度過近兩鐘頭後，巴士開進公路休息站，跟著眾多乘客去解手。一踏出車門，不禁打了個哆嗦，雖然太陽依然亮晃但真該形容「天寒地凍」！雖是無垠藍天，卻是刺骨凍風；水龍頭一扭開，流出的水冰涼蝕人，蘭州來喜兄送我品嚐的甜桃，經冰水沖洗，變成絕頂滋味。「烏鞘嶺快到了」休息站管理人員告訴我，他說這裡海拔將近三千米。在台灣，三千米高山也有兩百多座，以前我也熱愛攀登這些高山名峰，依據氣壓與溫度的感受，我也判斷此刻海拔約略是三千米左右。

　　巴士再次啟程，接續進入隧道群，這些隧道長度動輒兩三米，隧道跟隧道之間短暫視覺的

▲海拔超過三千米的風光

風光,我看見了如波濤棉團狀的白雲、直達天際的草原、以及點綴其間的牛羊群,美極了,雄壯極了。在如此高海拔、地質條件複雜的地區,富強的現代中國投入鉅額心血才得以完工這段「咽喉工程」。走過烏鞘嶺,武威已不遠。這座悠久古城,五胡十六國時期,曾是後涼國都,後涼亡國後,北涼勢力移入並將京城從張掖遷都至此。千年之後,此地還是西夏王全力固守的繁盛區域,讓中原大宋難以降服。

羅什法師被後秦帝王姚興恭敬迎入長安之前,被迫寄身在武威16寒暑,正是羅什初入中土弘法之地,這也是我來此尋找千古身影的原因。16年間,羅什法師在國政疲弱的後涼國歷經呂家四位統治者(呂光、呂紹、呂纂、呂隆),那是法師一生苦難乖舛的歲月。

公元383年春節剛過,不可一世的前秦苻堅大帝,接受國僧道安法師生前的建議,派遣愛將呂光率數萬大軍,遠征絲綢之路上的佛教古國──龜茲,要將龜茲國師羅什帶回長安佔為己有。呂光凱旋途中遭逢苻堅被羌族部屬姚萇叛殺,呂光跟苻堅同屬氐族血親,他悲憤卻又無法進退,旋即在涼州此地建都稱王,創立五胡十六國之「後涼」。呂光一介草莽治國,國族滅亡之恨怪罪在出兵於羅什法師身上,對法師百般折磨。但羅什慈悲忍辱,不但協助呂光治國指點迷津,並持續對佛法精勤不懈、靜心鑽研漢語,奠下梵文、龜茲文佛經精準翻譯為後世漢文佛典的基石。

　　抵達武威巴士總站，換搭一部計程車，是一位大嬸師傅，途經城門，我刻意請她多繞行幾次，好讓我看個仔細。城門正上方「涼州」大字威震八方，城門上三層仿古城樓高懸藍底燙金「銀武威」，霸氣盈溢。大嬸好客，足足繞了城門三圈，才送我前往旅店。

▲涼州市場

▲馬踏飛燕

　　從入住的酒店高樓放眼一望，武威市區範圍中等；街道稱得上乾淨平整，酒店旁的涼州市場步行街人聲鼎沸顯得生機勃勃。河西四郡（武威、張掖、酒泉、敦煌），各個建城久遠，武威是後涼首都，張掖曾是北涼建都，敦煌則曾是西涼京城。當今中國旅遊推廣標誌的「馬踏飛燕」銅奔馬寶物，就是出土於武威市郊的漢朝古墓。繁榮興盛始能孕育文化：著名的涼州詞、涼州曲，都在武威這裡發展而成。

　　信步走入涼州市場，大西北各式各色吃食散發誘人魅力，我先確定幾個清真館子可以解決用齋問題，然後從繁華的步行街，轉北大街，散步不過半小時，就到達鳩摩羅什寺。一路上，走走問問，發現只要是武威本地人，無不知曉鳩摩羅什，這跟在西安戶縣詢問旁人的狀況（包括世居

的支兄）天壤之別，實在令人法喜；我歡喜的是，不但佛教在這個歷史名城依然流布，而且羅什法師的德行在涼州這個五方商賈雲集之都，胡漢各色人種之間的大因緣依然不滅，足見此地佛教底蘊豐厚。

絲綢之路上的商賈，萬里奔波要保住生命與身上財產，謂是一場賭注並不為過。史籍記載，沙塵中常見枯骨與散落家當，往生者以最後一絲力氣，寫下自己的名字與家鄉所在，企盼有緣的路過者幫忙轉達家人；而平安完成旅程的人，感念天地之恩，出資供養以山壁鑿出石窟取代創建佛寺取材之不易，絲路上紛紛出現佛龕洞窟，以表感念佛恩。這般「謝天謝地」的心思，可謂人之常情，我不由得想起台灣名聞遐邇於日韓大陸遊客間的黃金山城──「九份」，百餘年前蜂擁進入九份的淘金客，採得金礦致富的幸運者，無不興建廟宇感念天地，然而更多人不幸抑鬱而終徒留無處不在的孤墳。我更想起羅什法師所譯佛典《大智度論》云：「富貴雖樂，一切無常，五家所共，令人心散輕躁不定。」意謂人世無常，財產再多，也無法永遠擁有。世間財物五家所共有，一旦碰到，財物即去，故無須強求。所謂「五家」包括：王（貪官）、盜賊、火（兵燹火災）、水（洪潦水災）、惡子（不肖子孫）。這「五家」的深意在絲綢之路上，在昔日那個動亂的朝代，的確是字字珠璣。

進入鳩摩羅什寺並不須購買門票，羅什寺所在的位置，是武威的繁華街區，周邊大小商舖林立，寺院就身處在紅塵浪裡，與西安草堂寺僻處一方有別。佔地遼闊的羅什寺，面積總計達 32.8 畝。好整以暇的我，一人靜靜享受在院區內的氛圍。偶而傳來的風鈴與鐘聲，更增梵剎之美。

一進山門，最醒目絕對是羅什舌塔，此塔為八角建築，樓高

▲鳩摩羅什寺

▲羅什舌塔

十二層，塔頂最上方的摩尼寶珠閃耀在陽光下，「舌塔倚雲鎮福地、羅什妙德耀五涼」對聯高懸入口兩側。有三位婦人正在繞佛繞塔，口中還唸唸有詞，也許正唱誦著佛經。我想起《金剛般若波羅蜜經》傳世經文：當知此處，即為是塔，皆應恭敬，作禮圍繞，以諸華香而散其處。

此座羅什塔，與在西安戶縣草堂寺的八寶玉石舍利塔，意義相同。公元 409 年，鳩摩羅什在長安逍遙園圓寂（逍遙園座落於草堂寺的一隅），依照羅什生前遺

▲婦人正在繞佛繞塔

願，數年後，舌舍利奉歸武威羅什寺修塔供養。

我在羅什塔前停留兩刻鐘，因緣遇見紛沓而來的善男子善女人。來自大興安嶺腳下吉林已近六旬的趙兄，武威洽商後空檔前來羅什寺逛逛，他提及私下拜讀佛經多年，我想起西安草堂寺內滿頭白髮的王姊，因為趙兄也有相同遭遇：當年深恐遭到無端清算而只能偷偷念佛。如今可以堂而皇之沐浴佛恩，趙兄感慨當下富裕中國「身旁愈是富有的朋友心靈愈空虛」。

與趙兄並肩在偌大的鳩摩羅什寺內漫步：藏經樓、般若講堂、鳩摩羅什祖師紀念堂、鳩摩羅什佛學院、鳩摩羅什佛教文化研究所、鳩摩羅什三藏院等等。繞過平安大鐘，我們在大雄寶殿廊下禮佛三拜，原本彼此天涯之遙因為佛法而近在咫尺，我以隨身多年的台灣繁體佛經贈與趙兄，中國幅員之大，日後能否在吉林、在台灣重逢，一切隨順因緣。其實，此次追尋佛教古德身影的途中，也有來自網路虛擬世界的相助，柏德兄就是與我結下的好緣之一。在吾初次計畫來訪此陌生城市之前，曾詢問茫茫十方，武威本地人必訪的建議之地？柏德兄是眾多回應之一，強力建議絕對不能遺漏他家鄉所在的天梯山石窟，距離武威南方約五十公里的祈連山脈天梯山，他甚至表達願意陪同前往，著實令我受寵若驚。

傍晚時分，與下班後的柏德兄初次相見，我們非常投緣，趁天色未暗，他帶吾走訪武威一處核桃園，這原本是民國初期西北軍閥馬步芳的官邸花園，園內上百間小茶館就在百株老胡桃樹林裡，武威庶民喜歡來此消磨，喝茶嗑牙搓麻將，或吃吃家常菜。店家為我倆準備了炒土豆絲、燒

▲鳩摩羅什寺平安大鐘

▲武威百年核桃園老胡桃樹

豆腐，又附上一盅內含紅棗桂圓菊花的甜茶（本地人稱「三泡台」），這等盛宴令我齒頰留香，無比飽足。

　　性格純樸的柏德兄，自認是幸運之人，成長於武威山村，打從小讀書到為國家奉獻，沒有離開過武威，唯一差別只是從鄉村移居到市區，近五十歲的他不像同世代的人移往沿海城市去奮鬥人生局面。他知足地告訴我，自己剛從武威市內的小房屋，搬入面積更大的小區大廈。柏德兄雖非念佛之人，但認為平安是最大的福氣；而他也是如此教育他的孩子。想起我的皈依師父常告誡吾等弟子「知足的人最有福」。眼前柏德兄正是一例！

　　隔日清早七點，柏德兄帶領搭上「武威—哈溪」縣級中型公交巴士，車內幾乎座無虛席，我心中盤算著天梯山應是本地旅遊重地，但乘客卻九成是農民工。柏德兄壓低嗓音說這些人大多要趕回山上村落，有的甚至昨天錯過末班公交車，在車站睡了一

夜。是的，我就覺得有些人滿臉顯露疲態。

武威城市規模不大，車行不過十分鐘，就進入黃沙荒野。巴士往南前進，也就是祈連山脈的方向。沉悶移動中，陸續有人上下車，也在這一刻，司機與上下車的人短暫交談，但是，我竟然完全聽不懂他們的話語。恍惚中，還以為自己身在非華人的國度。問問身旁的柏德兄，這些甘肅古老的方言配上濃重的口音，他笑笑說聽慣就懂了。柏德兄所言甚是，他正是在這樣的村落中長大；個把小時後，巴士經過柏德兄生長的村子入口，村子約莫三十餘戶，四周都被青翠莊稼包圍，柏德兄說小時候要進武威城內走一遭，算是個大事，腳踏車得踩半天才到得了。

村子一晃即逝後，巴士進入山區，在碎石山路顛簸迴旋；萬里無雲下，漫天塵土伴隨我們車子前進，偶而，光禿禿的山崖上會出現成群的羊兒，此地名稱就叫黃羊鎮。兩個小時後，巴士終於抵達天梯山石窟，應該說是天梯山石窟的「入口岔路」。下了車站在岔路上，眼前豁然開朗，在黃土高山環抱中，我真以為

▲天梯山石窟就在黃羊水庫旁

遇見海市蜃樓幻覺：「這是一個湖嗎？」柏德兄對我露齒一笑，這的確是個湖，它是黃羊水庫，天梯山石窟就是在水庫旁。也許你跟我同樣，心中想起之前的炳靈寺石窟，同樣位在水庫蓄水區內，但眼前的黃羊水庫，九成庫區都是平坦的草地，而炳靈寺石窟所在的劉家峽水庫水利顯然勝於黃羊水庫。

從入口岔路開始，還得沿著黃羊水庫環湖小路步行 2.5 公里，才能到達天梯山石窟。柏德兄與我並肩，強力紫外線下安步當車，終於抵達石窟入口。這天遊客稀少，眼前水庫終於可見一泓清碧，映著藍天的湖

面，背後就是天梯山，石窟就在天梯山北麓崖壁，歷史明確記載此石窟是北涼帝王沮渠蒙遜下令開鑿，距今約 1500 年。

且說後秦姚興大軍降服國力疲弱的後涼呂光家族，並將國師羅什迎入長安；數年之後，北涼併吞了涼州，公元 412 年，沮渠蒙遜家族還把北涼首都從張掖遷入武威。其實，北涼這一支匈奴家族，乃是脫離呂光自立為王，相隔數年回頭取得呂家江山，令人喟嘆。而此時的後秦羅什國師，昔日後涼國師，已在長安逍遙園圓寂三年有餘。

篤信佛教的沮渠蒙遜，遷都武威後，廣徵工匠建窟造佛，開鑿天梯山石窟，此舉對於整個中土石窟發展史甚至佛教發展影響甚鉅。其中之一，北魏滅北涼統一華北，有感北涼佛教昌盛，委請涼州高僧曇曜法師，於北魏首都平城（今山西大同）開鑿出當今世界遺產雲岡石窟。《魏書‧

▲天梯山石窟

▲大佛窟

釋老志》記載：曇曜在北涼時期為禪業見稱之高僧。沮渠蒙遜在天梯山的虔心一念，促成涼州佛教藝術向外綿延散播的因緣，正如苻堅大帝一念改變鳩摩羅什法師人生與後世佛教經典。

柏德兄與我，穿過一座只能容納兩人錯身的狹窄隧道之後，抵達大佛窟，原來編號第 13 窟，這裡也是天梯山石窟的表徵。大佛洞窟所在位置極為特別，後人為祂築起一道半圓狀壩堤保護著，壩堤外就是水庫蓄水。沿著壩堤走到盡頭，通道被深重鐵欄隔絕封閉，所隔絕的地方，是昔日其餘 18 座洞窟所在。1958 年興建黃羊水庫，將這些洞窟的塑像壁畫文物全部遷移，典藏在入口旁的陳列館內。

▲天梯山石窟陳列館

站在壩堤居高臨下，大佛窟七尊塑像近在眼前，彷彿與人拉近距離，中間是 28 米高的釋迦牟尼佛，佛陀兩旁依序是二弟子（迦葉、阿難）二菩薩（文殊、普賢）二天王。沿著兩側階梯走下壩底，可直通堤內大佛腳下，佛足之前設有香案，在此佇立仰首禮敬，眼前的塑像漾著折射水光，油然生起《華嚴經》所述「大雄世尊」的境界，令人悸動無比。天梯山石窟雖是北涼時期所開鑿，這個大佛窟卻是盛唐時期的作品，佛像風格飽滿圓潤，而洞窟內壁彩繪斑駁也是明朝所增飾。想一睹北涼時期的塑像，唯有前往陳列館了。

天梯山石窟陳列館內，管理人員迎接此刻僅有的柏德兄與我二人，在此，我終於得見北涼開窟時期的藝術珍藏，雖然多數是複製陳列，但真的嘆為觀止，因為從未見過如此有別於以往參觀的石窟具現。例如第四窟，這些壁畫佛龕洋溢令人無法形容的古印度風情，看見膚色黝黑大眼迷濛肢體旖旎的樂舞飛天，也看見細腰柔美的脅侍菩薩，透露著我

無法言喻的深奧哲理。有石窟研究學者認為，這些印度佛教風格濃厚的壁畫，說明係由 1500 年前印度僧侶所傳授，或者也可能是出自印度工匠，而非經由西域傳入。能有如此手筆，非帝王之家無法達成，可見沮渠蒙遜家族的信仰力量。

接續北涼，第一窟北魏時期、第八窟北周時期的塑像佛龕與壁畫，已經融入北方草原民族、漢人與西域胡人的樣貌，一如北魏在山西大同雲岡石窟、北周在天水麥積山石窟、以及我剛造訪不久的炳靈寺石窟等同時期風格。北涼開鑿天梯山石窟之後，此區域內歷經北魏、北周、隋唐、西夏、元明清等增添歷代塑像。當年為了配合黃羊水庫興建，大陸中央文化單位從敦煌研究院、甘肅省博物館調派二十多名人力，前來進行天梯山石窟文物的搬遷保存，這項歷經四階段的遷移過程紀錄，如今同樣在陳列館內完整呈現。在中國普遍窮困的 50 年代，因為這一批人，才沒有造成無法彌補的歷史缺憾。

走出陳列館，終於看見其他四位遊客：一位穿著時尚的女子，三位青年。在解說人員帶領下，他們正要造訪壩堤旁第 13 號大佛窟，我跟著加入再度回

▲一窟，北魏

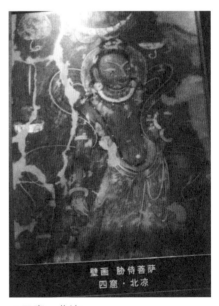

▲四窟，北涼

到壩堤上。「這七尊佛像材質都是石胎泥塑，中間釋迦牟尼佛高度 28 米，其他六尊都是 21 米；洞窟高 30 米，深度 6 米。」聽著解說女孩的細述，看著大佛，再順著大佛目光方向望出去，天梯山峽谷一片清朗，廣闊庫區雖然蓄水量所佔比率並不高，卻潤漬一整片草地，綠草間有羊群正自在低頭啃食；視線再拉更

▲武威遠方祈連山脈的冰雪

遠些，山腰間的碎石路，就是我所來的方向了。祈連山脈的冰雪融水，1500 年來流過大佛的腳下，再澆灌涼州綠洲，造福塵世。北涼帝王選擇開窟於此，如今看來，天地佛恩洋溢殊勝因緣。

　　四位禮拜佛菩薩的有緣人，時尚女子從北京來此公幹，平日最愛親近古老佛寺，這與光鮮亮麗的衣著實在難以聯結起來，我送給她兩個台灣銅板，幣值很小，她回贈一張大陸已經不容易拿到的五毛錢幣給我作為紀念，紙幣非常新，拿來作為閱讀時的書籤再好不過了；三位武威青年對石窟藝術興趣盎然，其中一位青年，還主動用機車載我與柏德兄，回到 2.5 公里遠的碎石岔路口，想到上午揮汗徒步這段長路，當下心情盡是「幸福」。而另一樁隨之而來的幸福是，才剛回到岔路口不到五分鐘，回武威的公交車已經到達了……。

《第六章》張掖：
風中呈現，如電波流過

　　下午兩點，向軍兄的車子，穿過兩旁高聳插天的白楊樹公路，帶我告別了武威市。才經過一彈指，眼前無邊無際的蒸騰黃沙，荒涼景象再次讓人萌發無端的惆悵。

　　向軍兄稱得上是中國網路上的名人，經常以筆名公開發表時事文章而廣引迴響；網路無疆界，在海島台灣的我，因為西北之行予以請教而結識。向軍兄的家位在距離武威一百公里的另一個城市金昌，金昌被譽為中國鎳都，「一百公里在我們大西北，其實是非常近的距離！」他風塵僕僕來到武威與我會合，迎面就這麼說。事前聯繫的過程中，聽聞「我的羅什計畫」，他推薦必訪當地人所稱的「羅馬村」，這是位在祁連山脈腳下一座很小很荒涼的村落，地籍上的真正名稱叫做「者來寨子」。

▲羅馬村

　　我們且行且聊，經過一個半小時，遙遠的地平線出現一座烽火台，雖然高度平常，但荒漠中卻顯得特別雄偉。「到了，羅馬村到了」向軍兄說，這裡的人被部分歷史學家認定是昔日羅馬帝國東征，在西域歸降漢朝而遭安置於此的後裔。據考，西漢時期，此村名為驪靬，是古絲綢之路上東西文化交流的重要據點。翻開《辭海》註釋：「驪靬，古縣名，西漢置，西域驪靬人內遷居此，故名。北魏以後作力乾」。

　　數年前，驪靬古城經過歷史學家的熱烈討論，加上英、法、美、義大利、加拿大、日韓等各國媒體報導，曾引起一陣旋風，矛頭無不指向羅馬千古歷史中一支消失的東征軍隊終於被發現⋯⋯不過，後來經過DNA鑑定比對，此村居民被認定與當今義大利人並無直接關聯。然而，這正是歷史之所以撲朔迷離、令人著迷之處了。

向軍兄事先就告訴我：羅馬村的居民跟漢人外貌差別甚大，白皮膚、藍眼珠，輪廓一看就像外國人。然而，踏入村落的我們，只見一群黃土屋，戶戶大門深掩，戶外完全不見一人，連其他遊客也沒有。「大概都幹活去了！」

　　村子旁邊有一座高地，是方圓內最醒目的地標，高地周圍用鐵鍊圍起，卻可以輕易跨越攀上高地，高地上一座四角的「驪靬亭」，亭內豎立一塊石碑，斗大鐫刻「古羅馬兵歸順中國碑記」，雖然後來已確認村民與義大利人無直接關聯，但此地所屬的永昌縣人民政府依然在石碑後方詳述驪靬古城安置歸降胡人的歷史記載。

　　站立在高地上，昔日的驪靬古城已成眼前的「者來寨子」，黃色的土屋，襯托後方似一條巨龍盤據的祁連山脈，一陣陣風沙吹過來，不知掩埋多少千古記憶，頓時我茫然了。沉默風中，隱隱約約透出一絲絲聲響。說有，卻時有時無；屏息聆聽，卻只有颯颯風嚎。突然，一陣梵音傳來「南無阿彌陀佛……」，向軍兄同樣也聽見了。我五體一震，如電波流過，這風中示現的因緣，引我往村落走入。

　　梵音依然時有時無，我邊走邊思索這空曠的荒漠中，梵音也許是遠方數里外吹來的殘存聲波，況且，當我與向軍兄站立在石碑高地，眼前

▲驪靬亭

▲古羅馬兵歸順中國碑記

腳下的村子一覽無遺，並無任何佛寺的伽藍影跡。然而，一切都不會是偶然，冥冥中果真自有安排，才剛轉過一個彎，翩然出現一道斑駁土牆，朱紅色大字「南無阿彌陀佛」分立大門入口，這不可思議的一幕，向軍兄也嘖嘖稱奇。

眼前依然空無一人，冒昧跨入門內。環境外觀與村內一般土屋無異，向軍兄從庭院設立籃球架判斷，這是一所學校，然此刻卻未見任何師生。就在此時，再度傳來「南無阿彌陀佛……」佛音，我才發現土屋最角落放置一台小小卡帶式錄音機，這種卡帶錄音機已經非常陳舊少見了，它正反覆播放著「南無阿彌陀佛……」，還加上一個白色擴音喇叭，佛音就這樣透過喇叭，傳送出去給遠方的有緣人，而我，就是被它引渡而來的有緣人。

它雖然不是一座佛寺，卻在廊下擺設一張簡單的香案，案上一炷香裊裊點燃，還擺放著《佛說大乘無量壽莊嚴清淨平等覺經》，我不由得問訊禮佛三拜；香案牆上一旁，還張貼著「早齋、午齋、藥石」時刻，但任憑我們找了個仔細，依然未見任何一位人影。遺憾之餘我告訴向軍

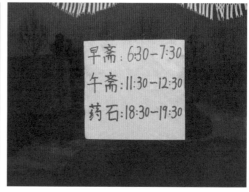

兄，在此荒遠村落，依然可以見聞佛法，可見佛法之無遠弗屆。雖然無緣一睹此地佛弟子，也無以得知此校與佛寺的動人因緣，但我內心卻有滿盈的法喜。

我們逗留一個鐘頭，離開之際，終於遇見了村民，兩部摩托車迎面而來，車上各載著戴頭盔的工人，後面跟著一位騎單車滿臉包覆防止風沙的婦女，模樣都正趕著幹活。這四個男人的臉孔，果真都是藍眼珠、輪廓深，在紫外線強勁的荒漠陽光下，白皙皮膚中兩頰卻透著蘋果般紅潤。他們用普通話與我們打招呼，但是聽起來卻有一股濃厚的腔調，這個腔調與長住西北的向軍兄明顯有別。

上了車，我眼前的驪靬古城逐漸向後遠去，而黃土屋背後的祁連山脈，看起來卻充滿蒼翠。又不到一分鐘，驪靬古城四周被荒漠所包圍，甚至我應該說，驪靬古城也成荒漠的一部分了。

望向無邊無際荒漠地平線上的落日，此地距離武威百餘公里，昔日五胡十六國時期也屬北涼轄地。當鳩摩羅什法師受困在後涼時，分裂自後涼的北涼，勢必對時任國師的羅什法師德行非常熟悉。如是因緣如是果，北涼亦是絲綢之路上佛教昌盛的國度，王室開鑿天梯山石窟僅是一例；佛經記載，北涼君王沮渠蒙遜曾經罹患一場大病，群醫束手無策之際，來自西域罽賓國的譯經法師曇無讖，勸諫國王至誠讀誦〈觀世音菩薩普門品〉，即可消障病癒。沮渠蒙遜遵照法師的建議去做，竟然真的完全康復。如此因緣，曇無讖法師被國王尊為「神人」迎入天梯山石窟傳經說法，並明令北涼百姓虔心讀誦〈觀世音普門品〉。如今，《妙法蓮華經》被列大乘經典之王（簡稱法華經），當今《法華經》內最盛行的一品即是〈觀世音菩

薩普門品〉，正是鳩摩羅什法師所譯。

羅什法師流傳後世的〈妙法蓮華經觀世音普門品〉中，禮敬觀世音菩薩的偈文「具一切功德，慈眼視眾生」，千百年來豈止北涼君民感受恩澤？當今在台灣，多位高僧都有公開說法。一位是北台灣法鼓山開山住持聖嚴法師，在他一本論述經典提及自己從受戒如來家業後，凡遭逢逆境難關，夜深人靜時便至誠誦念普門品，祈求觀世音菩薩智慧提點。因緣深種，當今在法鼓山的山門，便以「觀音道場」四個字迎接來訪世人。另一位從南台灣開山，成為全球道場的佛光山星雲老和尚，也在文史館藏內，公開敘明「……因為頭骨凹陷，從此健忘不善讀書。大師靠禮佛祈願，在觀世音菩薩的加被下恢復記憶，而更聰慧。」而吾所皈依的佛門主持，不但以《妙法蓮華經》為宗門圭臬，更要求弟子們以觀世音菩薩聞聲救苦為濟世精神，「千處祈求千處現」，五百個弟子正好就是一尊千手觀音，寸土之間只要我們能到達得了的地方，便是布施之處。

人的生命長度有極限，不會因為念佛的帝王、高僧或者庶民而有所差別。實在感恩向軍兄帶我來到驪靬古城，讓我深有所感。馬不停蹄回到金昌，才剛萬家燈火。向軍兄找了一家飯館，這位西北漢子，配合我喜好茹素的緣故捨棄「手抓肉」，滿桌蔬食小炒與麵條，話匣子一開，頻頻祝酒。想來奇特，中國之廣大，我怎會千里來到金昌，走進者來寨子？誰能預料，自己因緣何方？古龜茲國鳩摩羅什法師是否預料自己的大因緣在中土？佛經形容你我渺小如芥子，小到無法掌握自己的命運。一陣風吹草動，便可改變你的命運；你就似一根羽毛，抑或一片落葉，時時刻刻都被風吹著走，時而被捧上天，時而被踩在地，不同的是你有思想有情感所羈絆。每天 86400 秒，對生命而言每一秒都是關卡，昔日絲綢之路上往來的商賈，有人身擁財富卻亡於荒漠，也有如鳩摩羅什、曇摩毗、曇無讖、曇曜……這樣的僧人隨著因緣而寫下自己不凡人生。我來金昌，是因為我「想」來；也如同這個起心動念，五胡十六國諸統

治者，隨時都處在備戰中，就算不想對他國動武，也得防備不被他國侵犯。

　　北魏統一華北之前，最後頑敵就是北涼，這樣一個實力強勁的王國，吸引我走訪北涼的故都，沮渠蒙遜就自稱「張掖公」。從火車車窗向外望，祁連山下的張掖大綠洲，果真非常富庶，人稱銀武威、金張掖。我看見金黃色小麥田剛收割完，麥梗還堆積在地上；也看見漫無邊際的玉米田，以及數千朵向日葵在風中搖曳，好似對著我微笑相迎。在張掖火車站，旅客人來人往，一顆重達八十噸、色澤墨綠的祁連玉鎮守在車站廣場上，雖少有人駐足瞧上它一眼，然我看見解說牌上說這祁連玉是中國五大玉種之一，主要產於甘肅省張掖市與青海省黑河一帶的祁連山脈

▲張掖火車站，祁連玉鎮守在車站廣場

範圍內。玉石學術研究也發現，早在新石器時代的齊家文化內，祁連玉便是玉璧取材來源之一，我想起台北故宮博物院三樓玉器區內，就展示不少齊家文化的中華國寶玉器，工作之故讓我在台北故宮濡染多年，如今竟來到記憶裡「熟悉萬分」的古老地界，祁連玉在我眼前，方寸怎能不驚嘆。

　　午後的張掖市，塞外涼風使熱氣漸漸散去，信步走過綠柳成蔭的縣府南街，遠遠就看見張掖木塔，木塔始建於北周，當時羅什法師已經圓寂百年以上。佛經記載，釋迦牟尼進入涅槃後，火化得八萬四千顆舍利，阿育王每一舍利置一瓶造一塔，其中中國建置 16 座，張掖木塔是其中之一。眼前這座八面九層樓閣式木塔當然並非原始塔座，祂歷經各朝修建，最後在民國時期才呈現此樣貌。木塔前方廣場，如今是張掖工商業熱門的活動舉辦場所，這天正好有汽車商展活動，前來換購新車的張掖

人絡繹不絕，扶老攜幼共同賞
車，中國經濟起飛的現狀讓我再
次親眼目睹。

▲張掖木塔

　　北涼佛國悠悠已遠，相較於
武威，張掖市給我商業更加興盛
的感覺，繁華的鐘鼓樓四周，可
以找到香港式點心與台灣風味麵
包、永和豆漿；入夜後此區變成
夜市，還買得到台灣烤香腸、臭
豆腐甚至檳榔，令人頗感親切驚奇。但隨著愈深入乾燥內陸，我的身體
有了劇烈變化，手腳皮膚多處無端裂傷，使得行動起來伴隨著疼痛，只
能不斷欣賞美好的景物轉移自己的思緒了；尤其是佛像，總能賜給我撫
平身心的力量，因之，我踏進了張掖地標：大佛寺。此地是中國現存最
完整的西夏皇家寺院，人們絡繹而來，無非為了禮敬寺內的大臥佛。

　　「無上正覺」四大字高懸迎賓，歇山重檐的大佛殿氣勢壯闊，環廊
四周布滿一幅幅雕工細緻的經變圖。走進殿內，旅人無不驚嘆臥佛如佛
經形容之「大如須彌」；或者應該說，整個大佛殿的空間規劃，就是為
了容納這尊號稱亞洲最大的室內木胎泥塑而設。遊客佇立在臥佛前，對

▲張掖市

▲張掖大佛寺

比之下更顯身形渺小。佛陀眼眸半闔，洞徹宇宙萬物三理四相的眼瞳生輝，也許是入滅前的寂靜，卻似乎有著一絲眷顧難捨。考據西夏文獻的記載，臥佛先以木料建構骨架，木架外面再釘上木板，接續裹上泥膚塑造，最後塗以金妝彩繪而成。可以形容張掖大臥佛是一座集合建築、塑像、雕刻、繪畫與文物於一體的藝術殿堂。當然，令吾更有所感的在於佛恩綿延的力量，這個塞外之城，自大漢開通絲綢之路，到五胡十六國亂世，再迄大唐黃金盛世；直至西夏王與宋朝江山分庭抗禮之際，依然佛心亮麗、固守不動；不論北涼或西夏，這般傾力護持佛教的皇室，不都是修行者追求的境界嗎？

　　大佛殿的後方，另有一座土塔，它建於明朝；如我這般初來張掖的旅人，不知大佛寺隱身在市區何角落，卻因為這一座高聳醒目的土塔，它指引旅人來到大臥佛跟前，得以圓滿張掖旅程。日暮時分，我流連於大佛寺與土塔園林間，偶而輕煙飄過，天空燕子呢喃紛飛，從五胡十六國時期以來，多少僧人施無畏以尋求人間此等境界？千年古剎，豈只一頁滄桑？土塔旁芍藥園內，一位比丘尼的白色塑像，就細述這樣的一段故事。

　　這位比丘尼法號本覺法師，俗姓姚，本籍正是甘州（張掖舊稱），據說自幼茹素，52 歲開始承擔看守大佛殿經藏，直到 74 歲命終，她熬

▲大佛殿後方土塔

▲本覺法師

87

過壓迫鬥爭年代，使 1621 部、5795 卷佛典完好無損，張掖後人建碑立像表彰她守寺護經的功績。我仔細端詳本覺法師的塑像，慈眉善目笑容恬淡，雙手合十，彷彿參透苦難生死的自在境界。這樣的人生故事，我想起西安草堂寺滿頭白髮的王姊、以及在武威鳩摩羅什寺相逢的吉林趙兄，文革時期他們都偷偷誦經念佛，只求一方心中淨土。本覺法師於劫難中完成使命，寄身雖逝，但慧命永存。

圓寂的本覺法師骨灰灑葬於祈連山區馬蹄寺，是北涼時期就已開鑿的石窟群所在。張掖是北涼建都，周邊佛窟就如眾星拱月般，守護著國都。包括：馬蹄寺、文殊山、童子寺、石佛崖等等石窟群。張掖周邊，旅人口耳相傳的兩大景點，一處是斑斕絢麗的七彩雅丹，一處就是我期待造訪的馬蹄寺石窟。

隔日大清早，隨手在酒店門口攔了計程車，我直驅馬蹄寺。師傅姓肖，這個姓並不算少見，其實就是台灣的「蕭」，師傅竟也清楚台灣曾經有個「同宗」高層領導蕭萬長先生；車子一路往南約莫三刻鐘進入祈連山區，展開大西北旅行以來，這是我最深入祈連山脈，隨著海拔逐漸爬升，眼前所見真是一幅又一幅美麗的圖畫，廣大的玉米田、森林草原點綴著藏傳佛教的五色經幡在風中招展，我也看到山巔白色冰雪在晴空中閃閃發亮，完全遺忘正是盛夏季節。由於並非假日，一路人車顯得稀少。

整個馬蹄寺範圍廣大，肖師傅問我打算走訪哪些石窟？「想去三十三天石窟……」我回。半晌，車子來到景區內商舖飯館聚集的大岔路口，所有車輛都必須在此停車。肖師傅指著一排販賣裕固族紀念品的商舖：「沿著這條路直走，大概走兩公里就到三十三天石窟……估計連走帶爬石窟，得兩個小時！」跟師傅約妥回程時間，我開始步步向前，霧氣間歇飄來，加上遊客稀少，眼前光景更顯冷清。

沿途路面不寬，卻相當平坦，腳程一點也不費勁；雖然沒有同方向

的旅伴，卻不時遇見從三十三天石窟下來的旅人。約莫一公里後，出現兩座白色佛塔迎接路人，佛塔位置奇佳，站立在此放眼四周真能感受常被稱頌的「祁連山下好牧場」；美景還來不及讚嘆，此時白塔後方，霧氣漸散，我不由驚呼：「我看見了！我看見了！」我看見不遠山坳處，是一面高達數十米的山壁，或者形容為巨大石牆更為貼切，七層石窟呈現寶塔型分布，示現在崖壁上，正是三十三天石窟，祂彷彿知悉旅人遠行而來，現身迎接；但才一剎那，雲霧飄來，崖壁再次被掩埋不見。

　　內心無比振奮的我，從白塔再前行一公里，終於抵達石窟腳下。仰望整個石窟呈現的弧線，祂似一條巨龍，緊緊攀著崖壁，即使歷經千年，依然讓人震驚當年開鑿洞窟行者之大願，若非帝王之家，又有幾人能夠

▲三十三天石窟

達成？「張掖王」沮渠蒙遜家族又一次展現對佛法的強力護持，而北涼開鑿濫觴同時，也是羅什法師演教佛法於鄰國後涼之際。

　　總共七層 21 窟的三十三天石窟，上下只有一條通道，多數階梯跨步相當陡，好幾處連兩人錯身都頗為困難。站在第五層洞口，底下是懸崖，我向外望向來時路，兩座白塔變得渺小，白塔後方山脈綿延，左方地平線無盡天涯，千餘年前盡是北涼江山。洞窟內多數佛龕佛像或傾圮或殘缺，或甚至空無一物。部分窟內，有藏傳佛教僧人受理供花供燈，我遇見不少佛弟子專程前來尋求白度母綠度母的庇蔭祝福。走出三十三天石窟的我，說不上法喜，也談不上悵然若失。

　　洞窟右側一角的普光寺，據說是多數遊客前來的目標：馬蹄寺景區得名，傳說天馬下人間，來這裡喝水留下蹄印。相較於方才洞窟的冷清，一踏入普光寺就明顯察覺人潮熙攘，我看到一只透明玻璃盒子蓋著地上，在那個小小被萬分保護的地板上，果真有個巨型馬蹄印。我想只要印記仍在，天馬傳說勢必流傳於世。

　　端詳馬蹄印記、禮佛三拜後，信步走入普光寺後室，後室內也分布幾個洞窟，一如三十三天石窟的毀壞狀況，我在一處佛龕前良久凝視一尊佛像，祂頭身早已灰飛煙滅，僅剩腿部殘肢盤坐，景象似乎告訴我「禪定」之境。這或許是，此趟馬蹄寺石窟，賜我重新溫習的生命功課！

《第七章》敦煌：
恍惚的光暈，是「海市蜃樓」

　　晨曦中，六點不到，火車抵達敦煌火車站，整個月台頓時著了火般喧鬧。月台外舉滿前來迎接客人的牌子，牌子上除了中文，還有英文日文韓文等等，印象中這畫面應只在國際機場才可見。誠所謂「大氣度，才有大財富」，打從絲綢之路開通以來，敦煌就是個薈萃之地，兼容接納各色人種的氣度早已內化成了她獨特的城市性格。千百年後的今天，深處內陸的敦煌，依然忙不迭地擁抱蜂擁而來的世界旅人！

　　昔日漢武帝設置河西四郡（武威、張掖、酒泉、敦煌）以經營西域，並於最西邊的敦煌創立中國歷史上最早的兩個海關：玉門關、陽關。古絲綢之路到了敦煌，因此一分為南北兩路，延伸前往昔日西域 36 國。商賈出了玉門關，穿過浩瀚羅布泊塔里木盆地可抵南疆諸古國；出了陽關，可以通往當今的新疆天山北麓。大漢朝廷並頒定通關文牒制度，出了這兩關卡的旅人，危急之際可憑文牒，向沿途烽火台駐軍乞求飲水與糧食等援助。

　　玉門關與陽關，昔日鳩摩羅什法師被劫，必然經過這兩關其中之一進入中土。昨夜火車上的我，一讀到此，就決定要前往這兩處關隘去體會殘存的歷史餘韻。走出敦煌火車站，原本打算邊走邊玩邊安頓的我，面對眼前近百面迎接來自世界旅人的牌子，以及牌子後方綿延無盡的荒涼沙丘，內心茫然無助竟油然而生，我自責真的太輕率了，人生地不熟，任何預訂工作竟然都沒有事先落實。最尷尬的是，吆喝的計程車師傅們，一見我是孤鳥，紛紛略過我而去爭取其他結伴而來的旅人。

　　就在人潮逐漸平息時，耳朵傳來兩個男子的對話。
　　「我是前兩天微博上面，跟你預訂的寧夏人！」
　　「米先生嗎？兩位是嗎？？」
　　「是啊！我跟我太太，兩天一夜。」
　　「訂了酒店嗎？哪一家？？來，我給兩位提行李……先送兩位去安頓……」
　　我立刻回神，「菩薩來了！」隨即趨前主動搭話：「我一個人從台

灣來敦煌旅行，可以參加你們的行程嗎？」接待男子還沒回話，米兄就先做了回應。

「台灣同胞啊？當然行！你要不要也一起住○○招待所？但是比較簡便陽春些。」就像水中掙扎的人找到一塊浮木，我的敦煌旅程自此順利展開，也因緣際會結識了米兄夫婦。

這對伉儷，才二十多歲，最令我驚奇的是，米兄的妻子婉兒，竟然是廈門大學台灣研究所的畢業生！不得不佩服體型嬌小、舉止秀麗的婉兒，從寧夏遠赴閩南攻得學位，廈門大學台灣研究所長期禮聘多名台灣政商知名人士任教，讓婉兒與我交談的話題幾乎毫無「時差」，其中一例，婉兒有個教授是台灣前立法委員，而我正好在昔日任職媒體之際，長期採訪過這位政治人士。

旅遊公司的小巴士，將米兄伉儷與我送至敦煌市區一間稅務單位的招待所，房間設施非常簡單清雅，但讓人雀躍驚嘆的是窗外的視野：一片黃色沙丘，如山脈綿延，似水般柔媚；而在黃沙山丘下，就矗立一幢觀光酒店，讓人既讚嘆天地造物的神奇布局，卻又擔心整幢酒店建築物隨時會被沙丘吞噬；相形之下，酒店路旁整排的人工造林白楊樹，彷彿變得柔弱微脆；或許，我們該慶幸如此強大的生命力量，因為漢朝至今，即使過了兩千多年，敦煌這方綠洲並未被流沙淹沒。眼前這荒漠中的富庶綠洲，在鳩摩羅什法師身入中土時期，其實還是西涼國的國都。

安頓好一切，才不過早上九點，旅遊公司的另一部巴士再次前來，這次換了一部嶄新中型巴士，車上已經有十餘名乘客，這些來自中國各省市地區的旅人，是我兩天一夜敦煌行程的伙伴，米兄夫婦與我是最後上車的成員。車子穿入敦煌市區，車廂內一片寂靜中，遠遠就看見車窗外的陽關大道與沙洲南北路口有座環島花壇，花壇中央豎立著旖旎雕像「反彈琵琶」：一名飛天女子，右腿弓抬、左腳踮著，將琵琶背在頸項後方反手彈奏，她扭腰搖擺體態婀娜，無比賞心悅目。這個敦煌旅遊地標取材自莫高窟的中唐時期壁畫，但其實，這位樂舞飛天的形象遠播，

早已飛出敦煌洞窟，馳名國際旅遊市場了。咱開車師傅姓鄭，他告訴大家陽關大道與沙洲路口這裡是敦煌最精華的商業區，從白天到黑夜都不會讓旅人感到無聊；事實上，敦煌繁華街區雖然不大，但輻射範圍內的古老景區多不勝數，我估計停留三天才足夠一一飽覽走完。鄭師傅說咱們首站前往的地方是鳴沙山月牙泉。

　　黃沙路上，不時看見路旁果園黃澄澄油亮亮的果子，或在店家門口掛成一大串，正是甜杏產季，師傅說，敦煌的甜杏取名「李廣杏」，它被號稱是敦煌水果之王。李廣，大漢王朝衛青將軍的部屬，被譽「龍城飛將」，一生與漢朝宿敵匈奴作戰。盛唐詩人王昌齡的不朽名句：「秦時明月漢時關，萬里長征人未還。但使龍城飛將在，不教胡馬渡陰山。」詩中的「龍城飛將」印證李廣驍勇驃悍，從邊關名揚千里直入京城，甚至流傳到了後世。

▲敦煌旅遊地標「反彈琵琶」樂舞飛天

鄺師傅開車專業，不忘又唱又說：天乾地燥大敦煌，偏偏得了李廣杏，杏子香甜絕甘美，熬皮煮成杏皮水，包準喝了降心火⋯⋯。是的，我早發現街上隨處的小舖，斗大寫著三個字「杏皮水」，原來是這般回事！然李廣與甜杏，這又是何來的因緣？

傳說故事中，李廣率部征討，連西天王母也來相助。一回，將士又渴又疲之際，空中出現異象，飄過兩匹彩綢。師傅說，深恐敵軍有詐的李將軍策馬追趕，神箭一出，射落其中一匹彩綢，彩綢落地竟化成一片果實

纍纍的杏林。眾人爭食，卻大失所望，因為苦似黃連。李廣一怒下令砍除所有杏樹；誰知，隔天清晨，杏林又神奇地枝繁葉茂，再次結著鮮嫩欲滴的黃杏。李廣摘下一個送入口中，頓時香沁脾肺。原來，兩匹彩綢本是甜杏仙子和苦杏仙子，奉西王母之命前來援助，但她們只顧嬉戲，惹怒李廣而射落了苦杏仙子，深夜甜杏仙子施展仙法結出清香甘甜的黃杏。杏樹耐寒又抗旱，這些提振士氣的甜杏，隨著李廣大軍傳入敦煌綠洲，敦煌人因而取名李廣杏。鄺師傅描述得有如他就在昔日現場般生動鮮明。

鳴沙山入口，我又看到店家賣著「杏皮水」，兩塊錢一大杯，喝起來甜潤甘津。其實，從武威張掖深入到此，我已深刻感受高原旅行的不適，眼睛乾澀，鼻腔出血，嘴唇龜裂。米兄妻子婉兒給了我幾包金銀花含片，連常居塞外高原的他們，都隨身備用，我這南方旅人的確是太過

輕忽了。

　　面對浩蕩起伏的鳴沙山，我思緒立刻被抽回千年，不由得蹲身緊緊抓起一把黃沙，歷經一夜，雖然晨陽已張，觸感卻有點冷，被緊抓的黃沙竟順著指縫無聲流瀉而下。想起鳩摩羅什法師所譯《金剛般若波羅密經》中所示，佛問弟子須菩提「東方虛空，可思量否？」、「南、西、北方、四維、上、下虛空，可思量否？」、「諸微塵，如來說非微塵，是名微塵。如來說世界，非世界，是名世界。」是的，眼前空中看不見黃沙，但它其實布滿整座鳴沙山空間內，隨風飄揚又堆積，意境既真又空。

　　碧空黃沙間，傳來駝鈴聲，一列駱駝踽踽走過我的視線，這當然不

▲鳴沙山

是昔日絲綢之路上的阿拉伯商賈，而是往來於鳴沙山與一公里外月牙泉之間的接駁工具，這些駱駝外貌顯得瘦小，溫順聽話地等候遊客青睞，看著米兄伉儷跨坐揮手而去，我卻更想體驗孤獨在沙漠移動的心境。強烈紫外線伴隨下，我亦步亦趨，沙地行走起來，非常耗費腿力，才須臾片刻，已渾身飆汗；路程中多次遇見來回的駱駝騎隊，感覺駱駝長長睫毛下的雙眼直盯著我瞧，牠似乎喃喃說著：「你何必如此辛苦？」苦嗎？我的皈依師父告訴我們「吃苦了苦」，意思是：苦，要去受才會消除。魯鈍如我，可有悟入八識心田之內？

行走沙塵路，額上汗珠滾落倏地化無，不由得讚嘆古代商賈體能過人，慶幸自己沒有貨物家當隨身，否則豈能安步當車？茫茫景象中，視線轉個彎，前方柳樹成林環繞著一泓清水，水面碧波如鏡，映著蒼穹與黃沙，畫面奇幻有如海市蜃樓，此正是，自幼即出現在教科書地圖上的地名──月牙泉。我並不在乎眼前的水是否天然湧出，唯一的感覺就是雀躍，雀躍於怎麼地球上真的有如此神奇的月牙形狀的水池；雀躍再進一步昇華成了感動，我感動的，是荒漠中流動的水，在你我周遭日子裡平凡無奇的水，柔弱的水，在此卻成為天地之珍。池水旁也看到中國政府設置了「國家級地下水監測點」，當今世界科學界對於地球水資源愈來愈匱乏早已提出警訊，步入富強之林的中國，倘若能夠為舉世水資源保護與氣候變遷難題做出一番振聾發聵的貢獻，我想才是傲世成就；而面對從未嘗過苦難窮困且生活無處不浪費的中國新生代人口，政府如果想要教育他們珍惜分毫「滴水成河」的勤儉觀念，我想，親睹月牙泉應該是最天然最給力的方法之一。

▲鳴沙山月牙泉

離開鳴沙山月牙泉，車子再度往戈壁灘深處奔馳，前往我心心念念的玉門關與陽關。王昌齡詩句中的「秦時明月漢時關」令人神往，但一切生動的歷史記憶，都掩埋在這片浩瀚的黃沙之下。極目四野，看不到建築與人影，很難想像我們正走在曾經將士戰馬嘶鳴、商賈日進斗金繁榮無比的絲綢之路上。我咬著預先準備的烤餅午餐，口感又乾又硬，再咬一段黃瓜，霎時滿口生津，車窗外的沙漠在熱氣中顫抖，讓人懼怕，感悟所有糧食在此，最大功能是延續生命的動能，美味與否已無心講究了。

巴士直驅敦煌西北一個多鐘之後，地平線上出現一條土堤，或者旅人我該形容是長條狀的廢墟；但這個廢墟卻是極具珍貴歷史意義的漢朝長城，《漢書》描述此地：「如龍游瀚海，周圍烽燧，積薪遙相呼應。」可見當時，這裡是重兵要塞。然而，當歷史上中國面臨的強敵從西部移轉到北方時，此段邊境長城也就沒有繼續戍守的必要了。

午後一時三刻，艷陽雖炙熱，車上伙伴個個卻遊興不減，踩踏在著火似發燙的沙地上爭睹漢長城遺址。這些珍貴的廢墟，一段挨著一段，全長大約 300 米，中間甚至有幾處坍塌消失了。城垣高 2.6 米，基底寬約 3 米，最前方還高聳一座烽火台。專家考據這段長城從漢代一直沿用到五胡十六國西涼時期，敦煌就是當時西涼的王都。隔著鐵欄干，站在城牆前方的我，想起王昌齡另一首名作：

▲漢朝長城

青海長雲暗雪山，
孤城遙望玉門關。
黃沙百戰穿金甲，
不破樓蘭終不還。

從這裡到玉門關，只有五公里。倘若眼前這段長城不傾圮崩壞，或許不用遙望，就能夠城牆上跑馬直奔玉門關？甚至可以如同在西安古城牆上，輕鬆搭乘現代電瓶車輛，一路無障礙直叩玉門關！眼前這大漢遺址，如英雄遲暮，似猛獅衰臥，卻難掩昔日光采；這樣的空間差異，不正是時間更迭的成果嗎？

到玉門關，區區五公里，感覺非常靠近了。但荒漠五公里，車行起來距離卻顯得特別遙遠，鄺師傅用心良苦，卯盡心思希望伙伴不要闔眼小睡，因為這樣的距離才剛萌生睡意就會被迫中斷，睡了反而更加疲憊；所以，他詳細說著窗外所見的景物：礫石、沙丘、蒸氣、茅草。他要我們莫以為在陽光燒烤下的沙丘只是黃色沙磧，仔細觀察這些細沙成分，有黃色、紅色、黑色、青色等等。此外，路旁沙丘中冒出來的植物，雖然外貌極不起眼，卻是中國抗旱植物的大功臣之一，她叫紅柳樹，但此柳樹非彼柳樹，不是江南水鄉中亭台樓閣迎風搖擺的常見垂楊。生命力頑強的紅柳樹，能向下紮根深達 30 米，她既能抗旱防沙，還能作為敦煌等荒漠地區的建築工事材料，我們剛離開的漢長城遺址、與即將到訪的玉門關，建造成分中都有紅柳樹的殘跡，生命的力量，光這一點就讓人讚嘆不已了。

面對這片古老蒼茫的大地，除了使人沉默，詩人的詠嘆無端浮現腦海：

黃河遠上白雲間，
一片孤城萬仞山。
羌笛何須怨楊柳，

99

春風不度玉門關。

王之渙〈出塞〉

春風不度玉門關，人間何等極致的荒涼？正思索中，鄺師傅的鋼鐵嗓門劃破滿車寂靜：「到啦，玉門關到啦，下車往前頭走就看到啦。」

▲玉門關

斗大五個字「玉門關遺址」石碑，在熱氣蒸騰中迎接眾人。石碑後方，就是玉門關，稱不上雄偉的關城，卻像一個被陽光灼射炙烤千年，依然神態自若的力士，在彷彿已凝結千年的空氣中，一直未損它頑強沉默的靈魂。眼前北西兩面城門堪稱完整，自漢武帝設關開始，西域于闐國所產美玉，千辛萬苦越過塔克拉瑪干沙漠後由這個圓拱城門輸入中原，「玉門關」因此盛名。西側門外不及百米，我看見一條寬闊的河床，正是疏勒河，蒼穹下的她如一條玉帶，使這塊毫無生氣的地界彷彿乍現吉光片羽，讓人依稀看見往日詩人口中的風流，然，這柔細水流更像觀世音菩薩楊枝淨水，歷經百千萬劫遍灑昔日東土諸佛國至今。

我想起，昨夜運行中，火車靜靜停泊一個荒無人煙小站——疏勒河車站，幾乎沒有旅人在疏勒河車站上下車，後耳聞火車停在當地是為了加水。眼前這疏勒河水，從祁連山脈流淌至此，她滋養沿途大小綠洲，

繞過最大綠洲敦煌之後，繼而撫慰玉門關，最後無聲無息消失於羅布泊荒漠，這條千里之河被稱敦煌的母親河，我跟世人同樣，對她卻陌生至極。站在河畔順著水流向西遠望，那是羅布泊的方向，再更遠是古西域龜茲國、溫宿國、莎車國的方向，日落深處是天涯，但就算望極天涯，往昔締造璀璨絲綢之路的商隊僧侶兵馬，完全消失在風沙裡了。

離開玉門關，熱氣讓所有人再次陷入無言，巴士奮力前往距離玉門關 70 公里外的據點——陽關。米兄夫婦閉目養神，少數幾位或許跟我一樣對塞外風光懷抱旖旎情懷，睜大雙眼想把這塊大地看個仔細。正當腦袋一片空白，遠方天地交界，我卻看到一個湖，盈盈泛著銀光色的湖水，還來不及想像湖水的清涼，鄭師傅的聲音爆了出來：「各位各位！大家真的太幸運了，車子正前方遠遠有個湖，那可不是真的湖，是『海市蜃樓』造成的！」原來不是我的幻覺，是荒漠地帶偶而出現的視覺奇景，我又遇到此趟旅行上蒼的恩賜，無聲示現為我說法。

鄭師傅繼續說著：「你們看到這個湖，感覺不遠，可怎麼趕路都到達不了！要看到海市蜃樓得憑點運氣……」那恍惚的光暈，相信羅什法師必然也曾遭逢過，此等五蘊皆虛幻的境界，觸動了我的心靈深處。

60 分鐘後，陽關終於到了，這裡是咱們預訂敦煌旅程最遠地點，在

▲陽關

車上都覺得路途遙遙讓人疲憊，難怪自古以來，中土之人視此地為遙遠國境，不會無故來此。詩人王維的「勸君更盡一杯酒，西出陽關無故人」給了我們濃得化不開無助無奈之感，也許生死兩茫茫，也許斷腸人在天涯，人我因緣彷彿到此宣告終止，豈只體現佛經所揭人生八苦之「愛別離苦、求不得苦、放不下苦」。

　　眼前起伏的荒漠稜線，陽關鎮守在一片開闊地；漢代在陽關跟玉門關之間，築有長達七十多公里的塞牆相連，形成邊防犄角以防匈奴擾亂，高牆早已傾圮淹沒卻殘存無數的烽火台；然玉門關城尚且殘存，這陽關城早已消失，空曠的戈壁灘上，豎立著巨大石碑「陽關故址」讓遊客憑弔。站在石碑旁，眼前浩瀚無邊，這天一點風也感覺不到，此地是古絲綢之路中國北路門戶，通往《漢書西域傳》當中的婼羌國、危須國、尉犁國……這些是羅什法師出生之龜茲國的鄰近古國，就是當今的新疆鄯善吐魯番焉耆等地區。此時已近午後五點，站在「陽關故址」石碑旁，陽光讓古西域方向視野無阻，我多麼希望眼前出現小小的人影，他熬過無垠沙海自遠方樓蘭古國移動而來。正看得出神，聽到身後有人高聲呼喚著：「徐先生！徐先生！走囉……」原來是米兄夫婦，整個巴士的伙伴已往回走了百米之遙，只剩我還在石碑空曠處流連。

　　「怎麼看你還在戀戀不去！？」米兄的妻子婉兒笑說，無法詳述的思緒，只能自嘲：「嗯，因為台灣人沒看過戈壁灘……」我莞薾帶過。

　　比起玉門關，陽關雖然關城不再，反而增設一座陽關博物館，鉅細靡遺介紹了這兩座中國最早海關的功能與重要性，入口處一座張騫駕乘天馬的塑像，盡顯勇闖西域的叱吒豪情，讓我不再陷入幻滅境界。

▲張騫駕乘天馬塑像

　　回到敦煌市區，鄺師傅在沙洲路放眾人下車，一陣各自呼朋引伴，喝酒吃飯而去。米兄伉儷與我走進美食一條街，早已做足功課的米兄喜孜孜嚷著要帶我去嚐嚐敦煌「必吃第一名」，雀躍走到店家門口，差點讓人驚叫暈倒，我看到招牌上大大四個字「驢肉黃麵」，驢肉啊？！「是呀，美食家們都說，驢肉是世間

極致美味，這家是敦煌名吃……」米兄説得滿臉陶醉，背後還映著店家玻璃門上幾個字「醬驢肉」，茹素的我，只能一抹微笑：「我想嚐涼皮，各自吃吧！」

▲敦煌「必吃第一名」，驢肉是世間極致美味

▲清真回族涼皮

我看見旁邊一個清真小攤，店家是個回族少女，攤上擺著一條條各種顏色厚實的涼皮，點了黃色與暗紅色，黃色是加了馬鈴薯，暗紅色是加入胡蘿蔔，她各抓了一把，立刻滿滿一大碗，撒上綠色小黃瓜絲，微微淋上醬料辣油，這樣簡單卻不失豐盛的涼皮，給了我無比的飽足。

用完晚餐，散步回招待所，北方涼風徐徐中，經過一條水量豐沛的河流，波光鄰鄰映著敦煌夜色，幾乎忘了身在西北乾旱地區。這條寬闊河流是疏勒河水系的一條支流，有著不同凡響的名字──黨河，敦煌人有句話非常自豪常掛嘴上：「我們絕對是喝『黨的水』長大的！」這當然説的是黨河之水了。敦煌市當局顯然極力運用這些豐沛之水，用心良苦設計各式噴泉作為美化，讓這個西涼古都市容顯得摩登迷人，但仔細端詳，河水呈現幾乎靜止狀態，原來在不遠處下游，河道內加做一堵低堰，阻止黨河的水外流。顯然，全球氣候變遷，以及水資源愈來愈不足，正威脅著如敦煌這樣的人類珍貴文明。

▼黨河

01/09/2018

　　隔日，依然是鄺師傅提供的服務，這天是備受期待的行程，絕大多數造訪敦煌的目的就是為了她——莫高窟。對於跟我同年齡的台灣人而言，莫高窟層層疊疊山洞堆積而成的畫面，經常出現在早年的學校課本，讓人對洞中的事物早已心生好奇；此外，台灣畫壇巨匠張大千大師，流傳後世的成就之一，即是曾經前來莫高窟臨摹浸淫數年之久，而這些臨摹畫作，經過當年戰亂中一番周折，最後有 62 幅收入台北故宮典藏館內。提及台北故宮博物院，數量超過 68 萬件的中華文化寶藏陣容中，歷代名家書畫就超過半數，由於書畫需要嚴謹講究的溫溼度與光線環境，因此在台北故宮館內展示替換相當快速，往往一旬半月，就讓前來的雅士訪客們各自欣賞到不同的大作，無非也是一種因緣。張大千的敦煌臨摹畫作，包括歷代佛陀、菩薩、聖徒、天童、天王、羅漢、藻

井、經變圖、本生故事、供養人等等，每一幅都是不凡傑作，正如北宋徽宗親題張擇端所繪「清明上河圖」原卷，隨後還有明朝仇英大師臨摹版本、清朝宮廷版本，原創與臨摹版本同樣享有絕倫的成就。近兩年我在台北故宮也公開欣賞過一幅張大千臨摹自宋朝洞窟內的飛天菩薩，實在難以忘懷。追本溯源這正是敦煌莫高窟的魅力，她跨越時間空間與種族宗教，變成人類文明紀錄，我經常耳聞日本韓國客戶，深切期盼也能親臨莫高窟一窺這藝術殿堂。

　　九點不到，鄺師傅巴士抵達莫高窟，長長的排隊人龍映入眼簾，此行走訪無數石窟的印象裡，這兒的訪客數量榮登第一名，而且遠遠超過其他大小石窟。鄺師傅要求伙伴們一個挨著一個，千萬不要走失，購票入園之後，管理單位指派小莊擔任本團解說員。我非常期待有緣能欣賞前秦苻堅時期開鑿的石窟，那是莫高窟開鑿的濫觴，但小莊的開宗明義讓我有了心理準備：「大家都看到園內參觀的遊客非常擁擠，所以我們移動在各窟之間如果遇到此窟有人，就會往下個窟移動，加上每天開放的洞窟都不相同，大家能近距離仔細欣賞到的是哪個朝代的洞窟，也可以說是各位的因緣了。」是的，根據公布的統計，莫高窟現存洞窟 375 個，壁畫約 45000 平方米，彩塑約 2400 尊；除此之外，公元 1900 年公諸於世，讓世人大驚的敦煌黑洞（當今編號為第 17 洞窟）發現自西晉至宋代之各類文書及繪畫作品五萬餘件；如此龐大的人類文明珍寶，讓百餘年前西方帝國主義盜賊垂涎，大量搶食運回自己國度且不忘形容是「沙漠中一個偉大的美術館」、「世界上最豐富的博物館」。後來即使 1961 年中國列為第一批重點文物，1987 年被聯合國教科文組織列入世界文化遺產名錄。但這些殊榮，都無法抹滅敦煌文物被盜後散落於西方各國博物館與民間機構的心痛憾恨。

　　小莊帶頭引導下，我們爬上後人增闢的堅固狹窄通道，開始走入層層堆疊的洞窟，一如事前她所預告，大部分的洞窟正擠滿一大群遊客，窟內一片黑暗，解說員手持唯一小小燈束局部打亮下，片段片段細述暗

▲莫高窟狹窄過道上遊人如織

室內的風華。就這樣，許多洞窟跟我們擦肩而過，或許任憑諸佛聲聲呼喚，我都不知道有生之年是否還能踏入這些連編號都不清楚的歷代洞窟，不禁悵然了。

人來人往中，第一個迎接我們是 285 窟，小莊打亮小光束，隱約看見這小小洞窟內滿室壁畫，光線雖不夠明亮卻能看出壁畫相當燦爛奪目。這是南北朝西魏時期所開鑿，壁上滿是祥雲與飛天菩薩，要在如此「大面積」的彩繪空間看出端倪，無疑是需要深厚功力，最主要是對佛教經藏如數家珍，方能理解這美麗壁畫透露的「玄機」。小莊解說這是描述佛經中五百強盜成佛的故事，這些人受生計壓迫，飢荒起盜心，被捕後處以極刑，無量苦楚悔恨之際，佛陀聲聞解救並曉以法施，個個深懺罪愆並皈依佛門，從此脫離苦海。我更有感的是，這些色彩斑斕的彩畫，自西魏至今一千餘年，歷經酷熱寒凍飛沙風化竟然未見剝落褪色，何以致之？只能交給天意。

我們很有福氣，第 259 洞窟正好湧出參觀者，小莊接棒帶著眾人進入。我看見結跏趺坐的佛陀塑像，佛的神態渾圓飽滿，一眼就可認出是北魏時期洞窟。小莊稱祂是禪定佛，因為神采讓人一見就倍覺安詳愉悅，佛的高髻兼具犍陀羅佛教王國的風采（犍陀羅在當今巴基斯坦西北部的昔日佛教昌盛國度），這是中西合璧的造型藝術。身披紅色輕盈袈裟，雙手相握，陶醉於禪悅意境的佛，綻露一抹令人神往的微笑；小莊強調：人稱此佛是莫高窟的「東方微笑」。而在洞窟內局部區塊，卻輕易能發現百餘年前西方竊盜者的印記斑斑。

當年絲綢之路上為數猖獗的「外國魔鬼們」，以考古名義，披上東方旅行家姿態由新疆一路盜進甘肅。其中一位德國盜賊范萊考克在他

《中國土耳其斯坦被埋葬的寶藏》紀錄中提及：「敦煌古來就是佛教徒朝拜的聖地，這裡跟哈拉和卓、柏孜克里克不同，要想去鋸掉那些壁畫並帶走，是無法想像的難事。」[1]然而他的「敦煌盜寶困難之說」卻更激起其他分子的雄心，在中國人普遍窮困的年代透過收買、賄賂，連哄帶騙將敦煌文物一箱箱掠奪運出。

連西方這些學術考古騙子都清楚，敦煌古來就是佛教的聖地，莫高窟是中亞佔地最長最廣的石窟，商隊紀錄中從最近的城市來此戈壁心臟，騎駱駝也得四天才能到達，這深大因緣是如何成就呢？即使到今天，每年釋迦牟尼誕辰（農曆四月八日）依然是敦煌民間重大節日，大多數百姓會上山給大佛菩薩進香，祈求全家平順。這一天，莫高窟會專門對敦煌民眾開放，洞窟外九層樓前白楊榆樹下廣場儼然成一個盛大的集市。小莊家住市外五墩鄉，她說每年家人從沒錯失這個禮佛的殊勝日子。

史書記載，苻堅建元二年（公元366年），樂傅和尚經過三危山下河岸，他看見千尊菩薩出現在光輝飄渺寶雲寶光的天際，於是他說服一位富裕虔誠的朝聖者，出資聘請藝術家在三危山下的宕泉河谷洞窟內彩繪壁畫建造佛龕，以保佑當事人（富裕朝聖者）能平安歸來，這第一個石窟開始累積，歷經北涼、北魏、西魏、北周、隋唐、宋、西夏、元，開創敦煌璀璨的佛教文化。

▲富裕虔誠的供養人

樂傅開窟之際，羅什法師已名揚西域，絲綢之路的幾條重要通道，

---

註1：哈拉和卓是高昌古城、柏孜克里克是吐魯番地區最華美的石窟。范萊考克因為在柏孜克里克千佛洞挖走大多數壁畫，途經俄國運回德國後被德國元首表揚其成就。

陽關道、玉門關道、吐谷渾道、莫賀延磧道，數千里路網大小佛國一個緊鄰一個，敦煌是絲路東段的終點，又是南北中段的交會起點，是佛教東傳進入中土第一站。在無數商人和使者、僧侶進出塔克拉瑪干沙漠、穿行河西走廊的漫漫征途上，敦煌是他們心中的燈塔，莫高窟是他們精神的驛站。就連那位無恥盜走敦煌無數珍寶的英國斯坦因，在他著作中都提及：早在他於匈牙利接受教育過程，「敦煌」就如雷貫耳了。

　　跟隨小莊的動線，眾人踏入 275 窟，我非常喜歡這個北涼時期開鑿的洞窟，風格一如在武威天梯山、張掖馬蹄寺，洋溢西域佛國的神采。菩薩塑像飽滿細膩，頸項佩掛瓔珞，一掌遭毀，殘存一掌掌心向上，雙腳交叉入禪，幻化意境深遠，身後壁面描述西方極樂天，有些飛天肢體神韻並非中土漢人，小莊說這是莫高窟早期的精美雕塑之一。

▲第112窟滿室色彩瑰麗的經變圖壁畫

　　即使狹窄過道上遊人如織，有些洞窟仍是解說員想方設法要讓團員親近的目標，第 112 窟就是其一，滿室色彩瑰麗的經變圖壁畫，含有馳名於世的反彈琵琶伎樂菩薩的原形，祂神態豐滿可愛，在地毯上且舞且彈，音律彷彿自天而降灑滿整個洞窟，若非洞外有人等著進來，真想再逗留片刻。

　　想都沒想到，我們因緣殊勝，小莊打開讓敦煌蜚聲國際的第 17 洞窟，這是多少遊客期盼進入的「藏經寶窟」。其實，任何遊客都不再被允許「進入」窟室之內，站在約莫十個人就足以塞滿的小小洞口，我看見敦煌研究院已圍起柵欄，柵欄內只見一尊佛像，除此之外洞內空無一物，已經看不出玄奧，但王道士就是在此挖出五萬卷先民遺產，其中數量龐大遭斯坦因等人搶奪騙走。

第 17、16 洞窟相通，沿著動線走幾步，我看到第 16 窟那尊鑲上玻璃珠雙瞳灼亮的如來，玻璃珠出自王道士的心思，但可惜他並未看透那群「絲綢之路上的魔鬼們」的貪念而加以抗拒。身在莫高窟，上下移動之間，哪個洞窟為我們開啟，感覺自己像飛入的塵埃，不管是唱嘆或讚嘆，成就了我人生或許只有一次的因緣。更想到，那些流落異國的菩薩壁畫，要當面欣賞，有生之年談何容易！

第 96 窟、第 130 窟，是贈送給我們這群人的高潮句點。中國歷史上最為富強的唐朝，在這兩窟內塑造出莫高窟第一、第二大佛像。站在第一大彌勒佛足之前，仰望佛眼微闔下視，祂神情慈祥，右手施無畏印，似乎在啟發你我：任何人都可以離苦得樂。

璀璨的畫面，一幕又一幕映入眼簾烙進腦海：赤色的飛馬，赭色的金剛，綠色的日輪，華麗斑駁的藻井：兩個半鐘頭不知不覺就過了，不知道其他伙伴是否如我所感的經歷心靈甚至魂魄的飽足之旅。中國作家余秋雨看了數天莫高窟之後，他說，看莫高窟，不是看死了一千年的標本，而是看活了一千年的生命，這是一種何等壯闊的生命。在這兒，一個人的感官很不夠用，那乾脆就丟棄自己，讓無數雙藝術巨手把你碎成輕塵。（引用自余秋雨《文化苦旅》）

我也試著整理出自身的感觸，同樣深感艱難，整個莫高窟就像一張偉大浩瀚的時空巨網，牢牢把人蒐入其內，但卻自願被羅織在內；我寧願持續這樣的美好境界，不管自己腐朽亦或成為飛塵，都不願出離。

小莊帶著我們一行，在九層樓前廣場圓滿解說並話別（九層樓內就是莫高窟第一大佛），塞外夏風在白楊樹梢颯颯作響，眼前無數西方臉孔讚嘆流連於堆疊洞窟之間，這些探索臉龐取代了百年前「國際奪寶戰」的貪婪臉孔。昔日盜獵行為持續了四分之一世紀，高達七個國家的考古學者牽扯涉入，所掠奪的絲綢之路古代文物，如今散布在歐美日等國超過三十處以上的博物館和學術文化機構。以該位最令人髮指的英國

▲九層樓內就是莫高窟第一大佛第96窟　　▲莫高窟前楊樹

考古騙子斯坦因而言，在著作中曾自述「第二次中國遠征」是由倫敦的英國博物館和印度政府聯合進行，英國博物館負擔五分之二經費，其餘由印度政府資助，雙方同意斯坦因帶回的文物，將依出資比例進行「分贓」……這項合謀的挖掘行動竟然計畫在中國進行兩年又七個月，毫無節制將他國領土視為無條件允許自己予取予求的搜刮之地！

　　回到鄺師傅的巴士，敦煌行程已然結束，多看一眼莫高窟，讓我生起難掩的愉悅與難言的憂愁。遺憾是，這樣的愁緒，在後續向西的旅程裡更為濃厚，因為還有更多被洗劫一空的洞窟，在迎接我的到訪……。

● 說明：本章之敦煌火車站與下章之柳園火車站，屬於兩個不同功能車站。敦煌站是蘭新鐵路（蘭州往新疆）的中途分岔支線，屬於旅遊旺季作為迎接來自北京西安等地的終點站，並非長年營運且無班次續往新疆；敦煌之後欲再進入新疆，必須前往蘭新鐵路的柳園站，才能繼續西行。

《第八章》吐魯番：
迷幻眼眸讓盜寶者坐立難安

　　下午五點，莫高窟的印象還在腦海中揮之不去，我搭乘從敦煌開往柳園的巴士；蘭新鐵路上的柳園鎮，作為敦煌出入門戶長達數十年，柳園火車站一度甚至更名為敦煌站，但兩地之間距離長達 130 公里，改柳園站為敦煌站似乎有點牽強。幸好，中國鐵路局新闢鐵路支線，直通敦煌市區並續建深入青海格爾木市，柳園站因而恢復原名。

　　巴士沿著 215 國道一路往北，我單獨一人被安排坐在駕駛座旁，兩個多鐘路程有一搭沒一搭跟開車師傅砍大山（閒聊）。他從 60 年代起就在這條國道上出入，自豪任何路段起伏都一清二楚。雖然車況不多，巴士卻無法加快速度，除了每隔一段距離設置有測速照相，路面其實略為顛簸。眼前依然是塞外荒涼景象，道路兩側種植用以抗沙的低矮紅柳樹之外，再也沒有其他生命色彩。

　　抵達柳園車站時間已經入夜七點半了，紅通通的落日才剛接近地平線，還來不及看清楚柳園小鎮的容貌，匆匆領了車票經過繁複的安檢，總算搭上前往新疆的臥鋪火車。車窗外的柳園小鎮緩慢消失，在往後的人生歲月，應該沒有緣分專程前來了，我思索著；羅什法師從龜茲國進入中土，多少地方他從未有再次踏上的機緣，包括他自己的家鄉。

　　一夜無夢，清晨六點天色微亮，我已經來到吐魯番。愈往新疆移動，代表看見漢族的人口變少了，昨夜火車上所見的旅人，已讓我心中有底。走出車站，只有漢族來問我要不要住房？要去哪兒的？也發現另有一群維族人口靜靜在旁打量著我，他們眼眸大而深邃，即使不說話也讓人輕易接收到眼中的探詢。

　　「南方來的？打車吧？」一輛藍色老舊汽車，駕駛座上的男人朝我開口，他是白師傅，一頭稀疏白髮加上老式黑框眼鏡。跟其他站在路邊恭敬拉客的師傅相比，他顯得冷調淡定，或許是因為車齡年齡較大！？不過，莫名的安全感讓我立刻決定要包他車輛一整天。

　　對於彼此，這真是奇特的因緣，得知我的旅行計畫後，白師傅竟提

出要求：「願意只收一半車費，但希望能帶著妻子一起前來共乘。」原來，他的妻子剛來吐魯番共同生活，都還沒機會仔細瞧瞧吐魯番的樣子……這情節說來話長，想起昨兒個我還在遺憾無法仔細看看柳園的樣子，而眼前上蒼這樣的安排，我相信一定有其用意，何況是在吐魯番這個中國地理特殊地點：地球上距離海平面最低之處，也因此是中國夏季溫度最高的地方（地表溫度曾高達 75 攝氏度），延伸成為中國四大名著之一《西遊記》當中的火燄山而盛名遠播。昔日西方國家掠奪中國西部古物的年代，有兩位德國傳教士共同著作的《戈壁沙漠》書中，形容吐魯番像一個荒漠中的島嶼，它的邊緣不是海水而是被沙漠包圍……這真是最貼切的描述。

車上簡短交流後，我才弄明白師傅口中的妻子，是近月來剛從湖南迎娶回來的第二任太太。他火速開車，不消五分鐘就回到家門口，那是吐魯番車站附近磚造平房，簡短致歉後興沖沖邁入家門。又約莫五分鐘之後，白師傅與妻子，我稱之楊姊，滿臉歡喜走出家門。「有勞您了！」楊姊準備兩個熱饅頭給我，她原本知道白師傅會回家吃早飯，貼心知曉客人一早肯定未用早餐，我真是感動，第一次遇見打計程車還被車主招待早飯。

白師傅雖是靠車站待客拉車維生，人文水平卻令我驚艷。解放軍家庭的他出生在山東，父親從山東一路隨軍來到吐魯番（算來可能是彭德懷元帥的西北軍部隊），安身生根之後再將妻兒接來團聚，一眨眼已經在此六十餘載。師傅有個掌上明珠，從吐魯番前往華南地區讀大學，畢業後目前在廣州生根。女兒自從離家念大學迄今，從未再回吐魯番，一趟也沒有，就像白師傅也從未再回過山東，所謂他鄉是故鄉，身在何方，即是家鄉。幾個月前，女兒要求白師傅前往廣州闔家共住，住慣天開地闊的大西北，白師傅在珠江三角洲內心總感難以踏實；而失婚的楊姊從湖南離鄉在廣州幫傭，兩個出外人相濡以沫，決定相伴回吐魯番共度晚年。二人世界剛開啟不久，就被旅人我巧遇。佛法講求因緣，因緣需要

113

三要素組成：對的時間、對的空間、加上對的人與人之間，三項缺一不可；白師傅與楊姊，跨越何其遙遠，令人讚嘆因緣不可思議呀！

　　六月清早的吐魯番，我在地球上這個巨大的天然凹地之中旅行，火州的熱力尚未發威。想起羅什法師被呂光帶入中土據說也路過此段絲綢北路，屬於舊稱高昌領地。史書記載高昌國：東西三百里，南北五百里，有城池二十二座，亦即有二十二個大小綠洲分布於廣大沙漠間；四周多大山，氣候溫暖土地良沃，產穀麥與蠶棉。大漢打通絲綢之路在此設置校尉，隨後漢人逐漸遷入；晉朝改置高昌郡；五胡十六國後涼呂光、北涼沮渠蒙遜時期都設太守以守之，可見此處重要地位。

　　白師傅車子風馳電掣般向東行進，他已知悉我的旅行需求，匆匆掠過一般旅人在吐魯番必訪的：新疆現存最大的伊斯蘭教塔（蘇公塔）、維族巴扎、葡萄溝等地，駛入中國最長的連霍高速公路，才半個鐘頭火傘高張，眼光所及原本一片蒼茫，轉為起伏的紅色與荒蕪的皺褶，這裡正是吳承恩筆下「有八百里火焰，周圍寸草不生」的火燄山，「火燄山真的是紅色！」楊姊跟我初訪同時感嘆。車子轉入山區道路，從山腰仰視火燄山最高峰，就像一座紅色金字塔般頑固矗立，這樣一座完全沒有植被的紅色山丘，讓人望而生畏，就算只是路過此地，都能感受車外燥熱的空氣。山腰下方是一條半乾涸的河床，此河名為木頭溝，隔著河谷

▲火燄山

▲木頭溝

對岸是一片光滑的紅山壁，山壁上一條粗繩垂降而下，我們看到兩位金髮西方人在山壁攀繩遊走，能在火燒烈日下挑戰極限運動，需要十足勇氣。當我還在讚嘆他們之際，白師傅車子已抵達柏孜克里克千佛洞，本地人簡單稱為千佛洞。

就跟我在武威天梯山石窟、蘭州炳靈寺石窟一樣，當下整個景區停車場就咱們這一輛車子，白師傅楊姊決定不進入參觀洞窟，於是我成為景區內唯一的訪客。三個維吾爾族保安人員非常慎重為我驗票，感覺很奇特，因為他們肯定信仰伊斯蘭教，被分發在此看管佛教的世界遺產，或許也算是一種「因緣」？他們心中也許沒有崇高自覺是在保護佛教文明，也許這只是一份提供他全家溫飽的工作而已？也許他們理解這是佛教古蹟，但是腦袋的概念卻變成「有著美麗壁畫的地方」而已！因為在維族語意中，「柏孜克里克」意思正是「有美麗壁畫的地方」，這些美麗精美的壁畫，在俄國人德國人前來挖掘之前就已在農民牧羊人之間口耳相傳。

▲柏孜克里克千佛洞

當年德國傳教士進入這個谷地深處，曾經驚嘆柏孜克里克的壁畫是那樣光彩奪目，形容壁畫鮮明的程度就好像藝術家們剛剛完成似的；德國盜寶賊范萊考克因此聞風而來，被這些千年洞窟壁畫震懾之後，決定不惜一切代價要把每一幅壁畫運回柏林；歷經二十個月，這些壁畫被切割，填滿柏林博物館一個大展間。范萊考克的書信紀錄中，雀躍地說：「得到這些壁畫，我們就保證勝利了……！」意指不但出資者滿意，也會比其他國家考古盜賊成果豐碩。

我沿著指標前進，木頭溝谷地楊樹成林，兩側山壁夾峙，不得不佩

服先人的智慧與遠見，洞窟都開鑿於陡峭的山壁間，木頭溝水從石窟腳下緩緩淌過，但即使位置隱密阻隔外界干擾，甚至被塞外黃沙掩蓋之後，仍難逃後人的一念貪婪摧毀。現存約八十個洞窟的柏孜克里克，此刻旅遊淡季如常開放的僅僅六個：第 20、26、27、31、33、39，其他洞窟鐵門深鎖，加以紅色標語「遊客止步，Tourist Please Stop」警示，以及盡忠職守的保安巡視，徹底將我阻隔於外。

在 20 號洞窟後室，我看到整面牆壁全遭挖空，那原本是一幅巨大的經變圖壁畫；洞窟右側壁面上，菩薩的容顏與光暈幾乎遭到磨平，沒有任何色彩留下。在 27 洞窟壁畫，渾圓飽滿菩薩滿身瓔珞，雙手合十正聆聽佛陀開示，但菩薩雙眼口鼻遭到人為挖除，這樣的畫面在柏孜克里克石窟內多不勝數；31 洞窟，佛像衣著紋路細密紅彩輝耀，無奈同樣五官模糊；39 窟，躲過德國人切割的壁畫上佛顏色彩消退，卻遭人以利器劃過臉龐，並遭刻意刮除雙眼，我實在不忍卒睹。這些容顏消逝的緣由，也許只能無奈歸咎於人心難測，不僅這塊古老大地經歷諸多宗教信仰的更迭，人心的愚痴毋寧是最大罪過。德國范萊考克在他盜寶的書中，曾提及這些壁畫有一種力量帶給考古成員們極度不安，在他們肆意鋸鑿的過程中，經常感覺有什麼怪誕可怕的東西在四周侵襲，又似乎這些東西從佛龕牆壁上目不轉睛盯著大家……。但讓德國人敬畏的力量終究無法阻止無止盡的悲劇發生，最早火燄山周邊的農牧村民把這些壁

畫上的顏料當作肥料，認為有助於莊稼收成，於是刮下壁畫，村民深恐壁畫上的人與獸會報復踐踏農作，進一步挖下眼睛與嘴巴；洞窟內木造梁柱也遭搬走，用作建築材料或者燃料……這些窟室就是這樣經歷一次又一次的劫難。

▲20號洞窟　　　　　▲27號洞窟　　　　　▲雙眼被挖的佛像

　　我行走在吐魯番火燄山區高溫曝曬的山崖步道，唯有進入洞窟方能獲得一絲絲清涼的機會，雖然參訪機緣只是六座被洗劫一空的窟室，壁畫殘跡依然足夠慰藉旅人的靈魂。離開第 39 洞窟，巧遇兩位同樣來自台灣的情侶背包客，維族管理員看著三個台灣人共聚此地，雀躍之聲為沉寂的崖壁步道增添一絲熱絡，我們交換此行各自遭遇的艱苦之餘，不忘互相打氣。然而，柏孜克里克千佛洞卻是我展開旅程後，心情最低落之處了。

　　早在羅什法師路過之前，佛法早已廣布於高昌這個絲綢之路上中西文明交會之地，當年大漢王朝開始經略，古高昌的風俗、政令、文字因而受華夏文明影響甚深，數百年後中亞一帶回鶻人移住此地，帶入自己的摩尼教與此地佛教交融，開創出柏孜克里克洞窟獨有的風華韻美。考古專家認為如今柏孜克里克殘存最多的壁畫就屬第九世紀中葉：唐朝與回鶻高昌汗國前期。最廣為熟知的壁畫之一，就是畫有回鶻高昌王、粟特商人供養像的第 31 洞窟，他們的衣帽服飾、臉孔五官、黃金寶物、以及佛像風格，融合摩尼教的鮮明色彩，被人類學與宗教學者視為珍寶，差點淪為文明客途上的塵埃；這些壁畫上的回鶻文題記，都清楚告

訴世人此時期的柏孜克里克石窟，已成了回鶻汗國的皇家寺院，王室成員由原本的摩尼教信仰轉皈依佛教，使得洞窟壁畫異於敦煌與麥積山，力勁純樸而深邃；遺憾的是如今想要一睹原貌，就算遠赴德國也無法如願，因為被存放於柏林博物館的柏孜克里克壁畫，已毀於二次大戰砲火中，但至少在文明記憶裡不至於虛無飄渺。

　　我走出景區，滿懷遺憾；遺憾這些洞窟成為活生生歷史證據，也遺憾未能看到第五世紀南北朝高昌開鑿初期的洞窟，其實我並不清楚有沒有這時期的洞窟；只能觀想，此時期羅什法師已圓寂近一甲子，也許法師昔日隨呂光兵馬路過之際，曾暫歇於木頭溝河谷綠洲樹蔭之下。

　　近午時分，白師傅的車子再次向前直驅，車外溫度飆高超過四十度。原本生活步調裡，白師傅早上跑車，午飯前回家休息直到下午四點以避開高溫，之後再出門上工到夜晚十點。身在古高昌國，理所當然要走一遭高昌古城。車窗外，偶而出現一兩株楊樹，偶而掠過一兩戶平房，偶而出現戴小帽的維族人；我想起離開千佛洞之際，白師傅與楊姊躲在大門陰影下陪著維族保安打發時間，「師傅會說維族話嗎？」我說。白師傅曾經與維族共同合作本地旅遊，說得通維吾爾話顯然比較優勢些。「跟維族往來，他們認語言不認人，如果能說能溝通，他們會對你另眼相看。」是的，在我日後愈深入新疆的旅程，愈發生漢語難以派上用場

▲維族村子烤餅

▲維族葡萄園

的窘境，在後續行程會詳細説明。

　　跟新疆絕大多數地區一樣，吐魯番也生產又香又甜的瓜果。我們路過一個村子，路邊樹蔭下販賣著成堆葡萄、哈密瓜，還有大大小小的烤餅。楊姊買了幾個餅還有一袋紅提子葡萄，作為咱們路上的糧食：「湊合著吃一些！」我卻非常喜歡這樣的簡單蔬食。

　　半小時後，抵達高昌古城，昔日帝國主義西方人稱此地「哈拉和卓」Karakhoja。入口大門同樣是幾個維吾爾族管理員，白師傅楊姊依然決定在樹蔭下等我走出來，師傅不忘叮嚀著：「裡頭很熱很熱！要記得補充水分。」驗完門票，留鬍子的維族管理員以生硬漢語加上比手畫腳問我要不要乘坐驢車，我搖搖頭，在他們狐疑的眼神裡走入高昌古城。維族人的狐疑是正常的，正午時分，在我步伐邁出的幾秒鐘之內，全身毛細孔立刻被灼熱的高溫包圍，在毫無植被的古城廢墟中，我想不論是坐車騎驢還是步行，對每個旅人都是一種酷刑。我頑強咬牙踩著沿路的塵土向前，一座座各式樣貌的土堆在我身旁無盡延伸，就像快速放映的電影場景一般；上午走訪過的火燄山似一道高牆在遠方向我揮手打招呼，眼前完全看不到另外一個遊客，彷彿一個沒有聽覺的世界，即使一隻飛鳥也沒有，整個古城就像一座大迷宮，只有無止盡的沉靜加上曝曬、曝曬與曝曬。

▲高昌古城

▲高昌古城與火燄山

古城街衢縱橫交錯，廣袤超過五公里，眼前的斷垣殘壁，千百年前原貌或許是城牆，是宮殿，甚至是佛寺，就算當年何等繁華壯麗讓人目眩神迷，同樣歷經佛經所示「生、住、異、滅」而化為眼前塵土。眾所周知，在羅什法師身後數百年，大唐玄奘法師踽踽前往天竺求法，即在這個佛教昌盛國度停留講經一段時日，高昌國王鞠文泰以各種方式強留玄奘法師，還以無數財寶駿馬一路伺候前往印度。如今古城一角被考據認定是當年開壇弘法之處，但世人只能在一片曠野間憑弔過往了。

炎熱與孤寂席捲著我，終於，一輛驢車迎面而來，車上簡單遮蔭棚內的客人與我點頭問安，或許我倆同感雀躍「總算遇見他方旅人」，伴隨車尾漫天揚起的塵土，嗆得我不得不轉身摀住口鼻，但轉身才發現大門入口不遠的村子高高突起鮮豔明亮的伊斯蘭教塔樓，塔樓下的畫面卻敘述著昔日古國浸染在佛恩裡，成為高昌永不消失的印記。

天山之下「哈拉和卓」這個讓百年前西方考古蝗蟲趨之若鶩的焦點之一，在高昌古城北方約兩公里的曠野深處；盜寶魔鬼斯坦因前往敦煌豪奪之前，曾經在此歡慶大大豐收，為了規避中國官方的檢視，斯坦因將大量高昌出土古物暫存於當年英國駐新疆領事館內，再伺機運回倫敦；由於成果豐碩，俄、德、法、日本等國同好掠食者聞風而來。這裡也是近代吐魯番地區轟動世人的「伏羲女媧人首蛇身交尾圖」出土之地：阿斯塔那古墓群。

午後兩點，白師傅已經把我送到被稱為「地下博物館」的阿斯塔那。亮晃晃的停車場依然只有咱這輛車，我思量著也許管理員還在午休，才幾秒鐘，一位戴著伊斯蘭小帽的蓄鬍男子出來驗票，謝天謝地，是一位

漢族，非常禮貌說他姓李。李兄引導我這位唯一觀光客，走進園區動線。

　　映入眼簾的迎客地標，就是一尊巨大的「伏羲女媧人首蛇身交尾」塑像。伏羲持「矩」、女媧持「規」，左右並列盤旋於柱，兩人下半身都是長長的蛇身，糾纏三結，充滿原始力道的圖騰意象。這個圖像出自本墓區一個被挖掘的唐朝墓穴內的絹面圖案，棺槨之人身分並不可考，但據說陪葬物品之細緻精美，即使已過千年依然光彩可鑑。經過地標之後，視野豁然開朗，我的眼前出現數百座高低起伏的土丘，李兄走在前頭引我走入這片開闊之地，一座座土丘就是一座座墳墓，即使朗朗高溫下，旅人我仍看得有些心驚肉跳。事實上，昔日遭到各國挖掘的墓穴僅僅是這廣大區域內一小部分；這裡是高昌都城內各族居民的公共墓地，從貴族到平民都有，最早「入住」的遠推西晉，直到大唐時期，跨越公元第三至第八世紀；羅什法師當年路過高昌古國時，此墓區已存在百年之久；由於位處絲綢北路要地，兼納了漢人、車師、突厥、匈奴等部族長眠於此。奇特的是偌大土地上未見祠堂，也看不到鎮墓獸之類；極其乾燥的氣候，讓掩埋塵土下方的肉身大體與陪葬文物完好如初，紙張、織物、雕刻、泥塑甚至食物不可思議保存至今，就像那絹有著「伏羲女媧人首蛇身交尾圖」的千年陪葬品。

▲伏羲女媧人首蛇身交尾塑像

▲一座座土丘皆為墳墓

　　走到一個小小亭子，李兄招呼我坐下乘涼，這在「火州」是很重要的生活需求。他手指前方不遠處，有三個唐朝墓穴開放進入參觀，他盡責提醒禁止拍照，其實中國許多地方包括我出生的台灣，習俗上對著往生者大體拍攝是非常不恰當不得體的行為，這也許是李兄放心讓我獨自進入墓穴的原因之一。

　　佛經奧義所說：這一世的相遇，都是前幾世的重逢。來到第一座入口，石碑敘明這是一個夫妻合葬的墓穴，一道往下階梯引導我走下斜坡，階梯走道非常狹窄只夠兩人勉強錯身而過，兩旁是風化千年表面猙獰的堅硬土牆，就像電影情節裡走入密室的畫面，我手上只缺高舉一支火把照明的模樣，階梯盡頭一個直角轉彎，我進入了墓穴。其實心中一片空白，只覺得這是我跟墓穴內主人難以形容的因緣，眼前兩個玻璃棺槨內各躺著一具乾屍，大體緊密纏著褪色的屍布，這類乾屍在新疆其他

▲一道往下階梯引導我走下墓穴

地區也陸續出土，集中在烏魯木齊、庫爾勒的博物館內，專家推崇他們媲美埃及古老文明，稱譽為「中國木乃伊」。我雙手合十先跟兩具乾屍行禮，表達自己冒昧闖入墓穴的歉意，這對深情伉儷自大唐時期攜手於此，豈料到1500年後會有無數陌生之人走近身旁？而我就是其中之一，這是什麼樣的久別重逢嗎？如此的人生奧秘何等玄妙。

　　在第二個墓穴，是品味高雅的人家！內牆懸掛六幅圖畫，百合蘭花、山巒白雲、雞鴨家禽，色彩依然明艷亮麗；一旁還有幾冊文書，書法清晰可見，是官府文書抑或私人信件、契約帳冊……阿斯塔那這些出土的大量文物，提供了吐魯番甚至新疆昔日中土與西域的人類珍貴紀錄，當

年西方人就是垂涎這些文物而來。歷史的價值感，或許因人而異；在第三墓穴，終於巧遇兩位年輕旅人旋風似地進入，我還來不及與之交談前他們又旋風似地離去「根本沒啥好看的⋯⋯」只隱約聽到少女的喃喃抱怨。

午後四點，日影斜照，白師傅的車離開阿斯塔那，我們告別這個昔日吐魯番盆地的政治、經濟中心：高昌佛國。我在古城看到異滅，在葬區禮拜枯骨，生何歡！死何憂？

回程再途經火焰山腳，斜陽讓山體加倍赤紅，景色比上午加倍絢爛，《金剛經》明示：「應生清淨心，不應住色生心」。然多彩娑婆世界，也許明知虛幻，旅人的心，此等境界卻難以不騷動。

《第九章》烏魯木齊：
遇見三十多歲的她

　　橫越無垠荒漠，晚上約莫九點，我已抵達新疆首府烏魯木齊市，維族語的「烏魯木齊」原意牛羊齊聚的富饒之地；畢竟是國際性的城市，讓「弱不禁風」的我享受到久違的文明便利；也因為烏魯木齊獨有的旖旎情調，旅人原本低盪的心情，萌生一絲絲的輕鬆。

　　身心舒泰的原因之一，終於遇見可以同行的台灣旅伴：江水兄，台灣飛過來，計畫從烏魯一路東行，出新疆進甘肅寧夏，這是台灣旅行團走訪絲綢之路的傳統路線，我們在異地歡欣相逢未久又要分道揚鑣，從古至今這不是人生每日必發生的事嗎？

　　安頓之後，聞著旅店旁邊各色小店的香氣，江水兄跟我展開覓食行動。雖然已近十點，暮色才剛籠罩這個城市；烤餅攤子前，一位漢族女士正挑選著，大大小小厚的薄的成堆都出爐未久，「該怎麼挑選呢？」我冒昧向她詢問，因為行程中所遇賣餅店家，包括眼前攤商都是維族，怕語言不通所以打消了自己的好奇心，在《維族大辭典》裡面，光是烤餅（饢）就有十種以上，各有各的滋味。「我愛吃薄的，因為餅上灑滿芝麻，夠香！」她對我說完，拎著打包好的餅走了；我也抓了兩張烤得金黃發燙的薄餅，如同台灣外賣大尺寸披薩般，才 10 塊錢人民幣。江水兄買了 20 支烤羊肉串，幾罐雪花啤酒，原本想嚐的新疆名菜大盤雞，因為真的份量太「大」而作罷。回到旅店邊吃邊聊，雖然此行計畫各異，但有著共同的焦點來到烏魯木齊：樓蘭美女——躺在新疆博物館內一具三千多年前的乾屍。廣闊乾燥的新疆，包括我甫離開的吐魯番，掩埋在大漠戈壁深處的乾屍不知凡幾，或許，人類從不間斷思索著生命的奧義卻難以獲得解答，才會期望透過這些乾癟的先人「現身說法」屬於他們的生命樣貌。旅人我也不例外，在繁華的烏魯木齊，滿心期待與樓蘭女的「見面」機會。

　　新疆雖然天黑得晚，但天亮時刻跟南方並無多大差別；清晨七點左右，我如常出門散步舒展筋骨，旅店門前路邊已經群集不少人，九成是男人，這些膚色黝黑的臉孔包括漢族維族以及我無法分辨的種族，手邊

的工具説明是等著被聘用的工人：建築工、水電工、甚至清潔工等等，他們對於迎面或路過的陌生人總是定睛直視，期待一早就能遇見缺工的老闆或工頭來找人幹活兒。繞過這個人力市場，我快步往馬路對面的紅山公園，它是烏魯木齊市區必訪據點之一。昨兒打車進城我就路過紅山最高點的紅色寶塔建築腳下，寶塔倚著斷崖，好似鎮住整個烏魯木齊，是的，祂取名鎮龍塔。

跨越地下道，「像石榴籽那樣，緊緊抱在一起。」牆壁上這幅廣告深深吸引我的目光，那是一群身穿各式傳統服裝的人，顏色繽紛的裝扮映著燦爛歡樂的笑容，他們的五官明顯與漢人有別，加上多種陌生的文字説明，我雖然感覺新奇竟也油然升起不知身在何方國度的錯覺。但，這就是新疆。

轉入沁涼的山徑，來到紅山公園入口，一位身穿制服的保安熱情問安，除了檢查我的隨身小包，還要求我走過金屬探測門，旅人清楚這是造訪新疆公共場所的必要程序。如同世界所有大城

▲「像石榴籽那樣，緊緊抱在一起」廣告

市公園的早晨，紅山公園滿是早起運動的市民，打拳的慢跑的跳舞的，讓人精神也跟著來勁兒。走到瞭望台，烏魯木齊天際線一覽無遺，時尚的尖塔與高樓，遠方巨大的摩天輪，隱約還聽得到山下繁忙的車流聲響；但這樣美麗的畫面在九十年前絕對並非如此，我想起那些貪婪掠奪寶物者的紀錄，他們描述烏魯木齊是個爬滿臭蟲與各國特務的骯髒城市，這

些探險者沒有人願意多作停留。也許，這裡人煙密集不利他們肆意向下挖掘而不得不放棄。

外地人初訪，紅山公園足夠消磨半天，看看清末風雲人物林則徐雕像、爬爬鎮龍塔；拐個彎的我，在一株繫滿紅色祈福絲帶的老槐樹蔭下，看到一座熟悉的畫像——觀自在菩薩，打從出了敦煌，數日以來終於遇見佛堂，怎不歡欣雀躍？！再走幾步，「大佛寺」三字彷彿閃著毫光般接引著我。山門內，一位師姊正在清掃落葉，我的腳步顯然驚動了她：「還沒開張！」一旁的票箱點醒了旅人，是的，大陸絕大多數的佛寺是需要購票進入的。我投下指定的金額，姑且當成是在繳「功德金」好了；持續打掃中的她微微一笑：「你先進來參觀吧！」我雙手合十稱謝，從山門一進「莊嚴佛土」再進大雄寶殿，僅僅幾步距離，如來座前禮佛三拜，能在這個中亞大城的清晨瞻仰佛陀聖顏，豈不令人寬慰歡喜？烏魯木齊市區另有一座高三十公尺的大佛在近年落成，這在包容多元種族與自古多元宗教百花齊放的新疆，是何等殊勝的局面，只不過多如石榴籽的種族之間，期望能做到彼此尊重才是這座城市獨一無二的珍寶。

資料上說，紅山之上原本不僅這座大佛寺，清乾隆四十四年（1799年）左右，此地開創包括大佛寺、地藏廟等。過往百餘年每到廟會，各寺廟酬神演戲，信眾雲集。1933年民國戰亂時期，寺廟群遭無情焚毀。

▲紅山公園大佛寺

1989 年大陸擴建紅山公園，將年久失修的大佛寺山門依照原樣重現於此，並恢復大佛寺的大殿、廂房、藏經閣等建築，讓「迪化」[1]老市民重溫這個禮佛清幽寶地。

　　禮佛後的我，晨鐘起薰法香般喜悅，走出山門，師姊已經完成打掃，遞給我一張門票，閒聊兩句她驚奇：「今天第一位遊客，竟然是台灣人……」真正說其實是我的福氣，在台灣佛寺廟宇清早燃起第一柱香，是人人求之不得想做的事。

　　回到旅店，我比預期時間遲了些，門前依然工人如織等著差事，江水兄已經在等我一起早餐，然後依照計畫前往新疆博物館。白天的城市脈動是喧騰與活絡，穿過幾條繁忙的主要幹道，來到佔地廣闊的新疆自治區博物館；也許是訪客的目標一致，或者這是新疆最為出色的文化瑰寶，踏入館內左側就看見醒目指標【新疆古代乾屍陳列】，人潮快速被吸納而入，當中包括江水兄與我。

　　生命的遺骸，掩於墓穴、埋於荒塚、或登堂進入博物館，甚至泡在福馬林作醫學標本，給人的感受當然不同，但其實我不應該存有「分別心」，一律該回以

---

註 1：中國新疆烏魯木齊之舊稱。

「恭敬心」。館方以「綠洲埋葬的千古英靈」描述展題，迎客的第一具乾屍，來自一千多公里外的塔里木盆地南緣的且末地區（古西域之且末國範圍），她臉頰凹陷卻安詳躺在後人科技營造的恆溫恆濕玻璃櫃內，一身棗紅色皮衣連裙加上同色皮靴，雙手枯槁交握於胸腹，雙腿弓起，這個姿態非常悠閒，如果是在炎熱午後躺在涼蓆上，大多數人跟我應該也會採取這個雙腿弓起的姿態，享受綠洲吹拂的涼風。

在她位置的後方，聚集著此區最多遊客逗留，正是目前新疆甚至中國出土最為古老的乾屍——3800 餘年的「樓蘭美女」。

樓蘭一夢千年醒，故土遷移千里遙。盛名遠播的樓蘭古國，位處羅布泊西北隅，它距離吐魯番地區鄯善縣更為靠近些，我清楚記得幾天前在高昌古城，所購買的門票背面就是【飄逸樓蘭——今日鄯善】這樣的風景廣告；史書記載的樓蘭，既是大漢王朝經營西部的古邦，也是位居地理樞紐的寶地，漢朝的絲綢、耕作器具、彩繪等中原文化盛行於此。歷史記載公元前 77 年，樓蘭國更名為鄯善國，國運繼續走了約五百年後消失，後裔遷徙到現今庫木塔格沙漠邊緣的辟展縣，辟展再變更回古老名稱，成為新疆鄯善縣。當今的研究結論錯綜複雜，其中之一，氣候變遷以致水源乾涸造成五穀生產斷絕，居民被迫捨棄家園向北移居到當今鄯善，1600 年前古國就此消失。但這或許是最容易推測的方向；有專家從挖掘出的殘存文物與史書對照，確認樓蘭不僅是商業鼎盛，也是軍事的重地；她戍衛著大漢江山西陲，防止宿敵匈奴連年騷擾進犯的企圖，並保障東西方商品得以沿著絲綢之路自由流通。然公元 220 年隨著漢朝覆滅，強大匈奴勢力挺進樓蘭，西晉漸漸失去對西部區域的控制優勢，進而完全撤守樓蘭國，此或許為造成樓蘭覆滅的更大原因之一；也或許能解釋在司馬遷的《史記》、班固的《漢書》、范曄的《後漢書》中，樓蘭一詞不絕於書，但晉朝之後卻突然從官方的關注視野中消失，沉沒於歷史的灰塵中；這是樓蘭美女下葬一千多年後的變局，也是羅什法師誕生於龜茲國前一百年，剛開啟的紛亂世代。

西方多位令人不齒的考古掠奪者，對於古樓蘭遺址也做過不小的探挖；英國盜寶魔鬼斯坦因就在自己的紀錄中提到，他非常雀躍自從 1901 年瑞典競爭者斯文赫定之後，就沒人來探勘這個極端荒涼的土地，他和一群雇工在掩埋的建築遺跡中奮力尋找珍貴古物，入夜為了抵禦大漠凜冽寒凍，他們就地取財將死亡若干世紀的殘骸與枯木點燃用來取暖。斯坦因尋求的目標，無非類似他在吐魯番柏孜克里克石窟搜刮的驚人古文物，但最終卻只發現許多第三世紀中葉（晉朝）時期的文件。假如當年樓蘭美女被他挖掘而出，後續會如何處理這個「中國木乃伊」，著實令人難以想像。

　　遠遠端詳著玻璃櫃內的她，人來人往這句話不時從耳邊響起：「這就是樓蘭美女！這就是樓蘭美女！……」我想拍下她完整沉睡的身軀，只得靜靜等待。她生前最後的穿著依然，頭上是氈織的帽子，嬌小身軀最外層罩著毛織斗篷，足下是短腰皮鞋，一身接近黑棕色的殘舊衣裝，我相信曾經光鮮亮麗，出土資料上說毛帽上插著羽毛飾物，如同當今仕女，她擁有屬於自己的時尚。打從 1980 年四月，新疆考古研究所在羅布泊北端、孔雀河下游支流鐵板河出口的墓穴發現她，就舉世轟動；她絕對不知道「沉睡」三千多年，後人以「美女」稱呼；這具乾屍巡迴展示到了日本，日本人還為她復原頭像：卵形臉蛋、高挺鼻梁、淺色眼眸

▲古代乾屍樓蘭美女

與長長睫毛，異於漢族的五官，科學測定為古歐羅巴人種。望著掛在牆壁上的這幅頭像，我只感覺跟日常接觸的西方人臉孔頗為神似；但或許，因為少了想像，如同揭開面紗的容顏，她看起來也少了一分我潛意識中該有的驚豔。

「你怎麼看這麼久！？」陷入沉吟的我，思緒被這聲音喚醒，原來是江水兄，早已逛完整個乾屍陳列區的他，約我再過個把小時，一起前往中亞地區最大的巴扎（BAZAAR）——新疆國際大巴扎，說完他逕自去了其他樓層的展廳。

佔中國土地六分之一面積的新疆，古老黃沙之下，掩埋的乾屍何其多，偌大的陳列區一一細述地理背景與挖掘過程。訪客除了關注樓蘭美女，對其他乾屍就顯得毫不在意，我還記得在新疆另外一處重要博物館——巴州博物館（巴音郭楞自治州，羅布泊一大部分就屬於它所管轄範圍），裡面陳列的乾屍數量更多，巴州博物館內遊客不如新疆博物館，當時乾屍陳列區就只有我一個參觀者，室內空調涼風吹來，與成群乾屍共處的我，確實讓我倒抽一口涼氣。假若生命之靈是不斷地輾轉輪迴，肉身僅是寄命軀殼，想想我實在不應如此畏懼才對。

離開新疆博物館已近中午，江水兄與我造訪新疆國際大巴扎（巴扎

▲新疆國際大巴扎

是維族語，就是市集）──這裡號稱「中亞之窗」，是亞洲內陸區域最大的市集，我們搭的計程車抵達外圍，車速就明顯停滯，街邊遊人如織，交警哨音此起彼落，這裡是烏魯木齊施展城市絢爛魅力的最大舞台。我從來沒看過這麼多陌生的人種、食物、藥材與貨品，他們交織奇幻的氣味瀰漫進入我的嗅覺；戴著瓜皮小帽眼窩深邃的鬍子男吆喝著一群圍觀者，一下牽著毛驢一下揚起手臂上兇猛展翅的巨鵰，我聽不懂他說的語言卻看得興趣盎然；但這些都比不上所有迎面而來擦肩而過的女人，不論維族、塔吉克族、哈薩克族……她們身上穿著五彩繽紛的衣裳、綁著飄逸的頭巾，白皙的肌膚加上細緻的五官卻帶有天生純樸氣質，實在太讓我驚豔愉悅了，旅途的疲勞頓時消失。

大巴扎太多迷人的元素，加上賣場廣大無比（佔地四萬平方公尺），目不暇給的旅人實在不知道從何逛起，眼光最後鎖定最高的塔樓──仿伊斯蘭式喚拜樓型式「絲綢之路塔」，這座一百公尺高的紅磚高塔，外觀大量裝飾手繪與浮雕，在藍天襯托下風采顯得傲人，我跟江水兄決定上樓逛逛。來到售票口，售票的維族女孩正打著盹兒，我倆的身影腳步聲驚醒了她，白淨精緻的臉蛋擠出笑容，長長睫毛下的眼眸帶著一絲靦腆、羞怯，買了票，一番交談，廿歲的她用漢語提醒我們：只有最高兩個樓層有開放參觀。的確難為維族小姑娘堅守崗位了，因為實在門可羅

▲絲綢之路塔

▲絲綢之路塔內手繪石窟藝術

雀，江水兄跟我還在討論值不值得花這筆錢登樓之際，電梯已達頂樓，噹聲開門，踏出電梯那一刹那，眼前所見讓我倆都驚呆……只能說冥冥中這又是菩薩的安排！

圓弧形、長長的走廊上，掛滿手繪的石窟圖像；我看到了流傳於後世的吐魯番柏孜克里克石窟的回鶻持花供養人、破碎的如來容顏……這些被熟知的石窟藝術遭盜走後毀於二戰的柏林博物館；我也看到了鳩摩羅什法師出生之古龜茲國克孜爾千佛洞的天竺飛天、捲髮八字鬍的天人……。這些手繪在織布上的「藝術」由於瑰麗得令人讚嘆，讓我猶豫不知是否該逐一頂禮問訊。可惜這裡沒有人解說這些手繪主題，整個空間也沒遇到第三位訪客，我感覺此刻沒人可以深入談論是一大憾事；居高臨下窗外景物，我們被大巴扎的伊斯蘭圓頂與塔樓包圍著，卻在最高的中心看到佛國的境界，我方寸悸動與奇幻，莫此為甚了。也或許，創作者只當作是藝術創作，但是能被展示於烏魯木齊最高地標、並且需要購票才得以有緣欣賞，身為佛弟子也覺得殊勝非凡。

仲夏之夜，烏魯木齊近 11 點天色才全暗；江水兄跟我把握當下，他肉串啤酒，我烤餅瓜果，一搭一搭聊著這些年的旅行路線，隔日一早彼此分道揚鑣，彼此約定再聚於台灣（事後我們在台灣高雄還真聚會了幾次）。

天亮又一日，我搭上「南疆之星」鐵路列車，要翻越天山山脈前往庫爾勒。對於天山，我有著無比的幻想與期待；它是亞洲五大山系之一，呈東西走向橫亙新疆中央，綿延超過 2500 公里，山脊線高達 4000 米以上，將新疆分隔出準噶爾與塔里木兩大盆地，隔絕了新疆與哈薩克、吉爾吉斯、塔吉克諸國，並頑強隔絕了水氣與暖流。雖然天山山高路險，幸好山勢西高東低，鐵路因此再次繞回天山東端的吐魯番，才能繼續南行，路線如同 T 字般，T 字左側是烏魯木齊，右側是吐魯番往蘭州西安方向，T 字下方是庫爾勒庫車。但即使到了吐魯番，要進入天山最平緩的懷抱也非輕易之事，這裡終年颳著如刀般的強風，人稱「百里風區」，

氣象專家無法預料強風何時能有趨緩的空隙，抵達吐魯番想折往南疆的火車就只能憑運氣能否通過「百里風區」，記得幾天前在武威張掖火車站，我都看見從南疆出來的列車（阿克蘇往西安）斗大標明「延遲150分鐘」，如今身臨其境我真的懂了；因為接獲大風警示，我們「南疆之星」在吐魯番足足暫停約70分鐘，無法越過「百里風區」，同樣的從南疆庫爾勒方向的火車也過不來。車上一位年長老鄉說，颳大風火車不敢走，好幾年前（求證為2007年）曾經大風颳倒一列火車，死傷很嚴重……。是呀，我的皈依師父常常告誡吾等，人難勝天！當年張騫大軍、劫持羅什法師的呂光兵馬、無數東西方商賈都路過此地，面對鬼哭神號般的無盡強風，黑暗中的旅人，步步驚心難以想像，此時能讓心靈產生強大安定力量的，或許唯有金石般的信仰。

　　車廂內一片沉默中，列車緩緩移動了，我並沒有特別雀躍，反而慶幸自己只是旅人，後頭沒有太多任務等著我去完成；如此念頭一轉，我看到列車在圓弧形邊坡移動，居高臨下，窗外一片蒼茫莽原，身在「百里風區」，我看不見「風」，窗外或許颯颯風聲，但被現代強化玻璃隔絕，「南疆之星」列車就在巨大天山山脈某個緩坡持續移動。如果荒漠是絲綢之路的靈魂，綠洲是絲綢之路的肉脂，那麼如天山這樣的峻嶺就是絲綢之路的筋骨，而人呢？十方之人成了千古至今在時空流動的血水。

　　約莫一個小時後，列車再次進入荒漠，我們平安越過天山；地理上，從「北疆」跨入「南疆」；在西域版圖中，抵達「焉耆國」。大小綠洲鄉村慢慢出現，當現代化高樓進入視線，我知道已經來到一個充滿活力的年輕城市，這裡生產鵝黃色的香

▲庫爾勒香梨

梨名滿中國，品嚐絕妙滋味多年的我，城市名稱早已如雷貫耳──庫爾勒。

庫爾勒是新疆巴州（巴音郭楞蒙古自治州）政府所在地，巴州是中國最大地級州，面積廣達 4715 平方公里，即使台灣＋福建＋浙江＋江蘇的土地面積總和依然比不上巴州；蒙古語「巴音郭楞」原意是富裕的河谷，此地蒙古族高唱：

層層起伏的山上喲，飄動著藍色的雲朵呀。
海似的土爾扈特故鄉啊，我日夜都在想念你。
衛拉特蒙古民歌《土爾扈特故鄉》

巴州治理的轄下，除了台灣人趨之若鶩的巴音布魯克大草原，還包括塔克拉瑪干沙漠與羅布泊的局部區域；這些名氣響亮的據點，吸引無數來此旅遊探險的人潮，使得州政府所在的庫爾勒成為新疆交通最為發達的城市之一。

走出庫爾勒火車站，南疆獨特的地理因素，讓人明顯感受比烏魯木齊更加燥熱。「是呀，咱這兒本來就比烏魯木齊熱一些！」拉車的師傅這麼回答我。車窗外的庫爾勒市容整潔新穎，溫柔的孔雀河有如城市頸

▲庫爾勒是新疆巴州政府所在地

部上一條珍珠項鍊，河水靜靜流往羅布泊，但在尚未抵達樓蘭古國遺址之前，便已斷流。在「百里風區」的交通耽擱，師傅說天黑之前只夠在城市範圍內活動，他建議前往市郊的鐵門關。鐵門關大名鼎鼎，堪稱古絲綢之路上的一處天險重地，大漢班超、前秦苻堅派遣呂光兵馬，必然都曾路過。

▲庫爾勒市區的孔雀河

　　酒店安頓之後，打車直奔鐵門關，它位在市郊北面，從市區北望，彷彿有一堵石牆防衛著庫爾勒，這道巨牆看起來怪石崢嶸讓人望之生畏，正是庫魯克塔格山，在維族語意中它是「乾燥的山」，整條數百公里長山脈九成山體毫無植被，而孔雀河就像一把溫柔的巨斧劈開庫魯克塔格山，形成一條約三十公里長的峽谷，這道峽谷成為古絲綢之路水草豐美的一段路徑。車程約莫半個鐘，鐵門關聳立在我眼前，城樓上「絲路雄關」四大字高懸迎客，我由衷讚嘆眼前真是渾然天成的「絕境」，左右兩峰夾峙，中間就是孔雀河床，設置在左岸極為狹窄的河階地上的鐵門關，堪稱「一夫當關」。眼前並無其他遊客，我佇立城門內，門外一條黃土小徑向北延伸，它正是絲綢古道。古道旁孔雀河岸柳枝搖曳，清澈河水中水草流盪，這柔媚之水，彷彿慰藉著光禿禿的庫魯克塔格山。

　　踏上城門外布滿碎石的絲綢古道，我信步遙想著羅什法師：被迫從龜茲國（當今庫車）出發的他，途經烏壘國（當今輪台附近）抵達鐵門關山區逗留或紮營；離開鐵門關後，又隨著呂光大軍續往中土移動，這正是我眼前腳下的方向，繼之焉耆國、危須國、高昌國等漫漫長路，以當今背包旅人的眼光看來，豈只一個「遠」字而已；從未踏入中原的羅

▲庫爾勒鐵門關

什可有想過行程的盡頭有多遙遠！？

孤獨走了近一個鐘頭，「孔雀河第一壩」在我眼前傲然出現，這裡原是被昔日絲綢古道穿越的峽谷，千餘年後峽谷遭淹沒變成水庫與發電廠造福庫爾勒市民，無法繼續向前行的我，只能在壩上孔雀亭眺望昔日羅什法師走過的路線──已經成為深綠無波的水面了。遙想更早之前，

▲孔雀河與絲綢古道

139

▲孔雀河水壩

《後漢書》記載大漢名將班超、班勇父子都曾舉兵進屯鐵門，都曾橫刀立馬於斯，飲馬於眼前峽谷內孔雀河邊，讓此河多了「飲馬河」稱謂。千古身影已逝，但荒涼曠野依然。

形單影隻的旅人最大缺憾，就是無人共鳴；我默默走回關樓，這是大漢兵馬昂揚踏進鐵門關的方向；我彷彿感受歷經長征遠遠看見人煙的欣喜——因為終於看見一群遊客了。這群遊客情緒非常高昂，彼此吆喝大合照，聲浪響徹孔雀河谷；只不過攝影師快門才剛按下，他們又匆促上了大巴士，隱約聽到有人說要趕路「鐵門關來過就好啦！……」從喧囂又恢復安靜，變化竟是如此快速，漸暗光線下，整個鐵門關再度陷入孤寂。

隔日一早，在酒店門口包了一部車，師傅姓呂，原突發奇想或許是脅持羅什法師的呂光家族後裔，但呂師傅的上一代來自四川，就不知可能性了！

年輕的庫爾勒，是個得天獨厚的城市，附近有中國最大的內陸淡水湖——博斯騰湖；還有「地球之耳」中國最神秘難測的戈壁灘——羅布泊。「去羅布泊一整天，晚上回到市區，夠遠了！」呂師傅說，「去看塔里木河、塔克拉瑪干沙漠、羅布泊村寨、羅布泊大裂谷、大裂谷裡面有一個石窟！」呂師傅口中「有一個石窟」引起我的興致，能在人跡罕至的荒漠地帶出現任何佛菩薩留下的身影，哪怕只是吉光片羽都能讓人無比感動，我打算仔細看看羅布泊，一天能深入多遠就多遠。

比起烏魯木齊，在南疆的安全檢查，做得更加滴水不漏，從我進入旅店就已深刻感受，入住旅客與行李進出大門，都得經過安檢；加油站

更是不敢馬虎，師傅在加油站前路邊，要我暫時下車，他說「車上乘客如果要一起進加油站，手續太麻煩了！」於是，我就在路旁，遠遠看著南疆加油員的動作。

出了市區，車子一路奔馳，身旁依然是戈壁荒漠隨行，曠野上的公路雖然沒有紅綠燈，但每隔一段路程會遇到路障崗哨，維族公安仔細盤查呂師傅要前往何處？車上乘客是什麼人？由於沒有耽誤多久，我倒是覺得無傷大雅，反而能夠近距離端詳這些維族人的五官特質。有人曾形容旅行「最美的風景，就是人！」。

一路上荒漠，偶而點綴著棉花田與沙漠英雄胡楊樹林，呂師傅車上播放著新疆民族歡唱的歌曲，在戈壁地帶移動的確需要這種輕快有力的音樂，否則蒼茫的曠野容易使人犯睏，單調炎熱、低度生機的視覺中，我猛然想起好久沒看到麻雀了！在南方，哪怕沒看到麻雀跳飛，耳畔也會傳來嘰嘰喳喳叫聲，但這裡，卻沒有！「咱這裡看到麻雀算是幸運的人！因為不太容易。」師傅說。約莫 45 分鐘後抵達尉犁縣——曾是古西域 36 國的「尉犁國」，是當今進入羅布泊的門戶，資料說羅布泊已無人跡，然其實還居住著消失的樓蘭古國的一支民族：羅布人。

出了尉犁，我們進入中國第一大沙漠的外圍：塔克拉瑪干沙漠，它僅次於非洲撒哈拉，本地維族語意中「塔克拉瑪干」是進得去出不來的險惡之地，原因是這個沙漠因為風力強勁使得地貌隨時變化莫測。個把鐘頭後，地平線出現一個高大的太陽圖騰，迎接我的就是羅布村了。

不得不承認在這荒漠地帶羅布村確實是適合生息繁衍的地

▲沙漠英雄胡楊樹林

▲羅布村

方，這裡剛好塔里木河流過，潺潺的塔里木河水不但未被極度乾燥的塔克拉瑪干沙漠蒸發，且頑強地滋養出一片胡楊林，生命的力量果然無窮大！我想起佛經中對於宇宙萬物不脫「三理四相」，三理是：物理、生理、心理；物理的「成、住、壞、空」說世間無物是永恆常在的，從這片無垠沙漠遙想千年前在此消失的樓蘭古國，甚至眼前滔滔塔里木河水再往前不到百公里就整個斷流，也是實證了！

這天前來的遊客很少，村民經營的駱駝騎隊還沒開張，我蹬上一座沙丘，熱氣彷彿隨著起伏地勢對我招手，一片灼亮看不到盡頭的沙磧中，出現一條閃亮的玉帶，正是中國第一大內陸大川塔里木河，它從喀喇崑崙山上的萬年冰川溶化的水滴，匯聚穿過沙漠而來，塔克拉瑪干沙

漠因為塔里木河水而溫柔，這畫面遠比我曾經旅行在埃及沙漠中的尼羅河更為攝心！這樣的悸動並非故作惆悵，因為我看到一名少婦倚坐沙地望著水流冥想，也看到有位大爺迎著沙漠微風在打拳，對眼前奇幻世間的詠歎他們必然跟我一樣！

▲塔里木河與塔克拉瑪干沙漠

▲羅布村與塔里木河與沙漠胡楊林

　　塔里木河兩旁生長茁壯的這片胡楊林，就是羅布人生活的寨子了。寨子內，大約有五六戶房子，居民大多在忙著跟遊客拉駱駝逛沙漠，其中一個比較開闊的房屋是住戶們交誼空間，大堂屋沒有牆壁，屋內設有一個大土炕，炕上鋪著美麗的地毯，我席炕而坐，吹著沙漠微微熱風，在這個貧乏的地界也不失一大享受。大堂屋的屋簷掛著無數魚乾，這些魚乾都是鮮魚捕獲後宰殺掛著任憑沙漠太陽與熱風製造而成，魚是羅布人最愛的美食，來自塔里木河中的恩賜；羅布人的主食是烤餅（饢），跟新疆本地人差異不大，所以村民特製了一個號稱世界最大的饢坑；但我不知道同樣主食是烤餅的土耳其、印度、中亞各國是否有更大的了。

143

▲大堂屋

▲屋簷掛著魚乾

▲羅布人世界最大的釀坑

　　簡單在羅布村吃了清真涼皮果腹之後，我已心不在此，要求呂師傅即刻出發前往羅布泊大裂谷——那裡有個「雅丹佛窟」正等著我。燒灼的公路上，難為呂師傅為我加足油門；昔日前來中國盜寶的西方考古旅行隊，包括 1900 年在羅布泊西北部發現樓蘭古國遺跡的瑞典探險家斯文赫定，他們在這塊險惡戈壁上，晝伏夜出是唯一行進的模式，為的就是避免在日照沙漠中折損了人力與駱駝。我也感覺真是太熱了，好不容易遇到賣瓜的棚子，跟師傅決定歇會兒。

　　對於長居台灣的我，早被物美價廉的寶島水果給寵壞胃腸，眼前這新疆的西瓜，大大小小有黃有綠，外觀看起來不夠晶瑩光滑，但這樣的

賣瓜棚子，前不著村後不著店，勇氣感人，隨口問賣瓜男人，得從尉犁運過來，曠野中像這樣明顯的賣瓜小棚，我已經感覺有慈悲為懷的味道了！師傅抓了一個綠皮，遞給賣瓜男人，男人剖瓜動作俐落，我想起「千點紅櫻桃，一團黃水晶」[2] 的名句，在這火燒焦土的羅布泊公路邊，紅色瓜肉堪稱最美麗的顏色，也可能午餐無從選擇只有清真涼皮，我從來沒有一次吃下這麼多西瓜，飽足又過癮地再次啟程！

又約莫過了一小時，我們抵達大裂谷，為了推展觀光事業，官方將此地正式命名羅布泊雅丹大峽谷景區，呂師傅說範圍內有漢朝張騫憩馬亭、晉朝時期的烽燧、尚未被確定何時開鑿的佛窟、雅丹地貌、以及地下大裂谷等等，這些項目聽起來非常稱頭精彩，但是車輛尚無法全部可達，師傅保守地說還在加緊投資中……我想呂師傅說得極對，因為景區入口守門的，是我行程中遇見最乾癟的老漢，他一身黑衣上布滿沙塵，慎重為我們開啟大門；師傅關心詢問守門老漢，老漢說裡面目前有兩人，我暗暗吃驚實在是人跡罕至的景區啊！

進入大門後，車輛繼續行駛約莫一刻鐘，「看到嗎？前方出現一條

---

註2：出自宋朝文天祥的《西瓜吟》。

裂縫！」我順著師傅指著 11 點鐘方向，好特別，平坦戈壁的地平線真出現一條巨大裂縫，向天邊延伸，它像是羅布泊古老容顏上的一道傷痕！踏出車外，午後三點的熱氣襲來，師傅引導我踏著階梯一路往下，大裂谷下方未受日照頓時溫度下降至少五度，我彷彿置身地下宮殿，兩旁視野是原本的地平線變成的拔地山峰，讚嘆之餘我不免萌生疑慮「這裡真的可以久留嗎？不怕兩旁土方掉落，我不就被掩埋在此了嗎？」據我所知新疆羅布泊區域也是高頻繁地震帶；進一步發現手機訊號完全中斷，別說是因為荒無人煙，在這深陷的谷地內當然也不會有訊號，出了狀況必然求助無門。雖然大裂谷景象奇特少見，卻也能說明為何沒有發現人煙史跡，也許先民想的跟我相同：不知道安全與否。或許我們應該繼續保有它安靜不受干擾的原貌，才是對待這片古老土地的最大真心！

▲羅布泊大裂谷

從大裂谷再開車五分鐘，數座雅丹土丘自成一區，木造牌樓入口高懸的正是我期待造訪的【雅丹佛窟】，並不知道原本洞窟數量，我細數總計 10 個，但只有 6 個佛龕洞窟，這些洞窟大小形制類似，壁畫色彩鮮明且人物型態各異，與敦煌壁畫異曲同工。

　　說來是首次欣賞沒有塑像的石窟，僅存的只有壁畫；左側第 2 個洞窟，藍色虛空只見佛陀盤坐，手法顯得樸實渾圓；第 3 洞窟繪有五個比丘，人形肢體清晰可見，我不由得聯想起「佛陀五比丘」故事（佛陀最早所收五名弟子，一度心意不堅而擅自離開），這些壁畫的眼臉遭刻意破壞，跟吐魯番柏孜克里克石窟同樣手法，同樣的我也只能喟嘆。

　　孤獨無比的雅丹佛窟，在羅布泊的寧靜中，這裡像是一個永遠走不

▲雅丹佛窟

出去的地方，只能寂寞面對無盡的日出日落，是誕生，或是毀滅，在這裡都顯得近乎虛無的微小！回到庫爾勒，我深知他日再訪羅布泊的因緣，應該不大了……。

《第十章》庫車：
土耳其斯坦最燦爛的藍

　　告別庫爾勒，繼續向西南出發，我才真正進入南疆核心地帶。中國許多省市好友們得知我身在南疆，無不表達熱絡的關心：

　　「你真勇敢，我可不敢去呢！」上海老曹說。
　　「我單位在喀什有項目，若需要援助不用客氣。」深圳謝明叮嚀。
　　「路上注意安全。」武漢北京等地的老兄說，竟然沒有人如往常般說著希望玩得愉快這樣的話！其實我也明白，因為在台灣不常有關於南疆的資訊，最常得知的唯有被公諸於世的種族暴動死傷攻擊事件。

　　清早 8 點，在旅店門口買了又大又甜又便宜的蟠桃，我依照計畫來到庫爾勒巴士站，要搭乘冷氣空調巴士前往庫車——羅什法師的家鄉，古龜茲國所在地，那是整段旅行中最讓我期待的心靈終點。庫爾勒到庫車，兩地距離約 250 公里，預計中午之前可抵達。然而，購買巴士車票的過程，已讓我倍感不便：最大原因當然就是為了看不見的安全因素。

▲蟠桃

▲庫爾勒往庫車巴士

　　維族女售票員張大雙眼，仔細看了我的台胞證良久，再用二代身分證機器感應，卻完全刷不過，她指指大門警察：「你去找公安開個證明，我才可以賣給你車票！」萬般無奈的我，應該算幸運遇見了盡責公正的漢族年輕警察，他同樣非常仔細看了我的台胞證「臺灣人啊！歡迎！」

再詢問我在其他省市購票的手續做法，我一股腦兒說著曾在上海北京西安深圳極其簡便的買車票經驗，之後他轉身跟窗口打了手勢，才讓我順利買到庫車巴士座位票。

巴士基本上是新穎的車廂，座位非常寬敞舒適，像我這種 1 米 75 身高的人，最怕座位前的空間無法讓雙腿伸直。巴士一下子就出了城區，直奔南疆吐和高速公路（吐魯番～和闐），車廂內乘客坐滿八成，我的前後都是維族中年婦女，維族女人標準時尚就是綁著鮮艷頭巾，她們各自帶著小孩與丈夫，彼此說著我聽不懂的話，偶而眼神會飄閃過來卻又飛速飄走。車廂外，快速飛過的依然是可怕的荒莽加上可怕的塵揚，百般無聊中咬下一口蟠桃，甘甜的滋味讓我體驗到文明可貴的力量，方寸對庫車更加嚮往期待。

庫車這片綠洲，是古西域諸國中的富庶王國：龜茲國，歷史上名稱包括丘茲、屈支、庫徹等等。我跟許多人相同，首次知悉「龜茲國」是在遠古神話故事《夸父追日》中，夸父一路追到龜茲，從此之後，對龜茲便產生極為酷熱的印象，如今親臨果然感受如此。

絲綢之路歷史長河上，從漢朝派張騫通西域開始，歷經魏晉南北朝，直到羅什法師圓寂數百年後的大唐時期，龜茲國長期扮演這條路上最繁華的國度，這裡是印歐文化與漢文化的交流融合之處。中國歷代都有官方記載豐饒狀況，《晉書‧西戎》描述：「龜茲國西去洛陽八千二百八十里，其城三重，中有佛塔廟千所。人以田種畜牧為業，王宮壯麗，煥若神居。」另外，玄奘法師所撰呈送唐太宗的《大唐西域記》，對龜茲國亦作如下紀實：「屈支國，東西千餘里，南北六百餘里。國大都城周十七八里，宜黍、麥，有粳稻，出蒲萄、石榴，多梨桃杏。土產黃金、銅鐵鉛錫。文字取則印度，粗有改變。管弦伎樂，特善諸國。伽藍百余所，僧徒五千余人，習學小乘教說一切有部。」於是，唐太宗貞觀二十二年（西元 648 年），龜茲、于闐、疏勒、焉耆四個不屬於中土的王國成了大唐在西域的「安西四鎮」，進行政治往來。

　　把時空從唐朝再拉回魏晉；鳩摩羅什法師在龜茲這裡出身高貴：他的父親鳩摩羅炎是印度北部罽賓國的世家子弟（位在當今喀什米爾），母親耆婆是龜茲國王的妹妹，千餘年前，絲綢之路上西域諸國佛法昌盛，彼此交流頻繁，約略此時，羅什法師的印度父親如同古絲綢之路上的商隊僧人，往返於罽賓國、疏勒國與龜茲國之間；鳩摩羅炎與耆婆二人心靈相契，成為人生道侶而有了羅什法師。透過玄奘的珍貴紀錄《大唐西域記》，說明唐朝以前數百年龜茲國信奉傳承小乘佛教，羅什法師自幼亦修持小乘佛法，母親亦道心堅定，帶著幼小的羅什一起南行走過疏勒國，越過帕米爾高原，前往罽賓國與天竺，穩步進入如來家業。直到父親過世，羅什法師因緣結識莎車國二王子須利耶蘇摩（梵名 S/u^ryasoma），轉小乘進而修持大乘佛法；師承龍樹菩薩的須利耶蘇摩王子，日後不但成為佛教三論宗一代宗師，他也影響了羅什法師成為千古譯經大師的大因緣，這絕對是日後佛法在東土的一大成就。

　　吐和高速公路上完全沒有塞車，但坐在巴士上實在沉悶無聊，車外單調的景象大人還能閉目養神，小孩可就熬不住了，我前後座位上的維族小孩開始哭鬧，他們就是搞不懂為啥車程這麼久？即使父親怒目痛罵、母親溫柔安撫，折騰好一會兒完全沒有作用讓他們安靜，搞得乘客心情更加焦躁，這當然包括外貌一絲都不像本地人的我！這時左手邊一位漢族大爺終於高聲發難：「不是這個哭，就是那個叫！有完沒完……」我不確定維族乘客是否聽懂，但看到維族母親旋即低聲與孩子交談後，哭鬧逐漸平息。全世界任何地方的母親一樣偉大……這是發自我內心由衷的感觸！

　　又過了半刻，「二八台，二八台，有人準備下車。」巴士師傅高聲喊著，這裡經過一個小鎮「二八台河」，約莫有三四位乘客提著包走下車去。我以為巴士將繼續驅車向前直奔，卻又有兩位維族警察上車細查，他們從車頭走到車尾，逐一盯著乘客與頭頂上方的大小行李，神態充滿十足氣勢。「全部下車，帶著身分證件，過安檢。」警察一聲令下，

我隨同大夥兒下車,有了庫爾勒羅布泊路途上的安檢經驗,已經覺得司空見慣。不管維族漢族,二維身分證機器輕輕一掃,大家都通過,唯獨我的台胞證又一次卡關,如同巴士車站買車票的狀況刷不過去,「我台灣來的。」依照經驗,自己先出聲比較容易被寬容,年輕維族警察仔細看了我跟證件,也沒多問,最後用他自己手機拍下台胞證存檔回去交差,這一耽誤我自然是最後一位回到車上,自然也隱約感受到來自他人狐疑的眼光。

過了二八台,我的手機訊號緩慢復甦,表示更加靠近人口密集的庫車,窗外右手邊的天山山腳,一下子晴朗清晰一下子灰茫滄桑,幸好維族孩子非常安靜,旅人心情也不再疲累!「有麻雀……!」快到庫車出口,車上有人叫了出來,我看見三隻麻雀停在路旁欄杆上,這是進入新疆戈壁以來的首見,麻雀蹦蹦跳跳的模樣,這時候顯得萬分討喜,連我這個南方人也如他鄉巧遇久違的好友。殊不知,中國曾經將麻雀列入「國家四害」大肆捕殺,理由是會爭食養人的穀糧,後來研究發現牠啄食數量比重輕微,如今被中國動物保護法列為保護對象。是的,牠們是最典型的家雀,跟人類互動密集,三隻麻雀看到後不久,我也終於抵達羅什法師的故鄉庫車。

我先把自己安頓在庫車大飯店,這是一幢現代化高樓,四周是庫車發展新區,一幢一幢高樓正紛紛完成;這裡依然是昔日龜茲國土,但如今的庫車只是數十萬人口的小城。當我辦理入住之際,詢問櫃台漢族年輕姑娘「庫車有代表性的佛寺能讓我下午去參觀嗎?」她說從小在此成長,市區這裡沒有佛寺!唐朝玄奘描

▲庫車大飯店以龜茲古都作銷售賣點

▲庫車新區發展中

述「伽藍百余所，僧徒五千余人」的龜茲國，早已物換星移。已是下午時間，我想去的地方路程都頗遠，這天只能在市區挨著。

　　沿著旅店旁邊的天山中路走走瞧瞧，我雙眼一亮，竟看到一座古老的烽火台被周邊高樓包圍著，這實在讓我萬分驚喜，古老龜茲果然沒有讓我失望，它送給我的第一個見面禮就是這座唐代的遺跡——沙卡烏烽火台。也許，這座烽火台曾經進入玄奘的視線裡面；但如今，天山中路上匆匆路過的汽車駕駛們，絕對是更加注意烽火台旁邊的紅綠燈，因為這是通往庫車火車站與巴士站的重要十字路口。

▲沙卡烏烽火台

　　路過的行人汽車們，沒人注意逗留在沙卡烏烽火台前的我，它沒有設售票口，烽火台事實上也無從進入參觀，它被四周欄杆完整包圍，雖然無從進入，欄杆旁卻做了完整中文維吾爾文解說牌「新疆維吾爾自治區重點文物保護單位」：長寬高度都各約15

米，土黃色的造型跟之前在武威、敦煌曠野上諸多烽火台神似，烽火台內部有一道直上頂部的階梯，依然完好如初，透過這個階梯可以看到上方是蔚藍天空，天空依然跟大唐時期古龜茲國同一個天空，但是如果站在階梯上方目光所及的遠方，早已不是昔日閃著佛光的龜茲國都了。我很慶幸官方對它採取了保護欄杆，如果任遊客得以進入，相信這座烽火台能挺過歲月風霜，卻可能熬不過現代遊客的日日踩踏了。

離開沙卡烏，既然時間寬裕，想起上午在庫爾勒車站的不便，我萌生先解決離開庫車之後前往喀什的車票問題，便沿著天山中路散步去庫車火車站。下午約莫四點，火車站大廳兩個窗口排了人龍，九成是維族臉孔，我慶幸人龍才約 50 米，左右兩邊各有一位警察來回維持秩序，我好整以暇排隊，詎料過了半個鐘

▲庫車火車站

頭，隊伍依然沒有向前移動半步，這實在太沒有效率了。

持續漫長排隊中，耳畔聽到都是陌生的維語，我後方是一位維族中年男子，他顯然比我更加不耐，口中傳出了抱怨聲，因為我們兩人都發現問題癥結有兩個，其一是大多數維族老人婦女聽不懂中文，售票漢族姑娘不懂維語，維族老人買車票說的話常需要其他同族翻譯，這需要加倍的購票時間；其二是維族彼此有種族情誼，窗口正在買票的維族常被他人臨時要求順便代購，我就看到一位婦人不光買自己還幫旁邊三個沒有排隊的人代買，這種不遵守排隊的類似黃牛狀況讓人不悅！排在我身後的維族男人向維持秩序的漢族警察要求取締，警察無奈既不能開罰也不能對維族同胞惡言相向，我只聽見警察高聲回答我後面的維族男人：「都是你的族人造成的！」我也聽到身後的老兄發出一聲長嘆！而這一

切都是基於敏感的種族現狀。約四點到火車站，等到我買妥車票已經近六點，種族敏感問題讓無辜的其他漢族維族，都付出更多的日常成本。

　　離開火車站，我發現門口有公交車逕往庫車老城區，毫不猶豫跳上車，只花兩塊錢人民幣就讓我輕鬆瀏覽庫車市容，而且我一直很喜歡這種老公車，座位旁的窗戶可以向中間推開，邊吹風邊賞景就是一大享受！天色入夜八點才會全暗，我在庫車大巴扎下車，本地巴扎當然規模不比烏魯木齊，但也算應有盡有，剛好便於庫車下班族採買晚餐的食物，逛來逛去實在不知道該吃什麼，膚色接近巧克力留鬍子的維族老闆，對我熱情微笑點頭，這應該是進入新疆以來前幾個對我主動微笑的維吾爾男人了，他當然知道我是漢族而且一定不會說他的維語，他用中文對我說「來吃羊肉，好吃！……」我很想投桃報李，將咱們漢人的友善慷慨給予他，這些烤羊肉也不貴，但是看起來似乎已經販賣一整天了，想起整天的高溫與沙塵，行程中吃壞肚子是旅行最大的悲劇；我看到旁邊維族正吃著純白色冰淇淋，問了這也是老闆賣的，是完全沒有一滴水的鮮羊奶冰淇淋，就點了這個，我坐靠餐檯最前面，看著老闆在一個圓形的類似鍋子上加入已經凝結的羊奶，他快速攪動之下，羊奶變成冰淇淋！我才恍然大悟，這不就是土耳其炒冰淇淋「Dondurma」嗎？我在土耳其伊斯坦堡曾經嚐過，近年在台灣夜市偶而也會有土耳其人出

▲庫車巴扎入口

▲維族老闆

▲炒羊乳冰淇淋

來販賣；這種炒冰淇淋嚼起來結實綿密又QQ像麻糬口感，尤其是用維族最自豪的鮮羊奶，我覺得好吃極了也過癮極了！我在巴扎內又買了烤餅跟桃子，滿足地走回旅店。

在走回庫車大飯店途中，維族老闆炒土耳其冰淇淋的模樣反覆出現腦海，我決定隔日再去消費一次，然也聯想到一個嚴肅的名稱土耳其斯坦（Turkistan），說的是歐亞大陸中央一塊文化地理區域，是近現代中亞區域內長遠糾結的一段歷史，百餘年前帝國主義盜寶年代，他們的學術著作與信函將土耳其斯坦自動瓜分稱為中國土耳其斯坦（天山阿爾泰山東部新疆蒙古等地）、俄國土耳其斯坦（天山阿爾泰山西部哈薩克烏茲別克阿富汗等國），後來進一步又成為東、西土耳其斯坦，土耳其斯坦廣大概念是使用突厥語系的國家地區，在不同時期不同文獻上也各有不同地理範圍；「突厥」曾經是中國歷史上最大的強敵，中國在文明璀璨的大唐時代，龜茲國這裡也是突厥人活動的國度，我在火車站購票看到的維族漢族敏感狀況「都是你的族人造成的！」隱含源於千年前歷史對立悲劇，玄奘的紀錄中當時龜茲國流通使用梵文，若再追溯更古老的羅什法師時期，就足以知悉當時此地對於漢人是多麼陌生。（中國已正式將Turkistan 定名為突厥斯坦，取代土耳其斯坦）

隔日一早，師傅小劉準時前來，他是飯店為我安排的漢族師傅，年紀才三十出頭，小劉的父親當年響應號召，從四川家鄉來新疆墾荒，據他耳聞父親說當年前來的四川人數冠於全國，如今大多已回頭在成都買了房子，一干人新疆四川輪流著住，小劉喜歡庫車的天高地闊，他認為南疆塔里木這裡雖然乾燥炎熱，卻又比夏天似火爐的成都舒服得多。

　　車子離開市區才幾分鐘，荒涼景象襲人而來，當今這裡已經不是玄奘紀錄中的水草豐饒，氣候因素使得庫車大綠洲不斷退縮變戈壁灘；開上 217 國道，這是中國非常熱門的自駕旅行路線——獨庫公路（已正式更名為天山公路，自南疆庫車，穿越天山山脈直通北疆獨山子市）。我內心嚮往即將造訪的首站：克孜爾千佛洞，克孜爾在維族意涵是紅色之意，在陽光照射下我眼前所及的土地果真整片紅色，正當我感覺彷彿進入異次元世界，路旁警察公安的崗哨迅速把我拉回現實，小劉照例停車受檢，這次是五個維族警察，幸好都能説中文！

　　「你們打算去哪裡？」、「是去拜城嗎？」、「拜城有什麼朋友嗎？」……拜城縣是天山腳下的維族小城，也是前往溫宿地區的中繼站，警察當然認為兩個漢族要進入維族地帶頗有問題，但克孜爾千佛洞也是在這條半路上，幸好小劉師傅笑臉憨厚，登記車號再刷過小劉二維身分證，就叫我們離開；我把昨天買火車票的狀況告訴小劉，閒聊了幾句：

　　「維吾爾族人，説他們是歐洲人與蒙古人混合的後代。」小劉説。
　　「為何那麼多老婦人，聽不懂中文？」我問。
　　「多半是不願學，或認為不需要學就能過日子。」

▲獨庫公路

▲鹽水溝隧道

「你周圍可有維族男人娶漢族女人？」我問。

「沒有，聽說這樣他會被同族看不起。」小劉搖頭。

「那，有維族女人嫁給漢族男子？」我再問。

「這有，但少！」……

　　沿著紅色山壁的獨庫公路，穿越雄奇工程的「鹽水溝隧道」，半晌，我們抵達了中國最古老的石窟──克孜爾千佛洞。官方資料上說當今的庫車老城區有三大伊斯蘭清真寺，範圍內沒有佛寺卻有六個佛教遺跡，其中克孜爾千佛洞的被發現，被考古盜寶賊們視為石破天驚的一頁。1903 年四月，兩個日本人發現克孜爾，當時羅什法師譯經在日本佛教已廣為流傳，古龜茲國所在的西域被他們視為佛教源頭之一，日本人的行事作風相較於西方盜寶者顯得低調，祕而不宣地進行完整探勘，挖掘之際，庫車竟發生規模超過 6 級大地震，果真是「一念震動三千界」；或許有神論的日本人畏懼於這股來自虛空無形未知的力量，讓兩位日本主事者落荒而逃（其中一位是具有僧侶身分的大谷光瑞），現場遺留來不及收走的挖掘工具；此時也是英、德、俄國在此角逐土耳其斯坦（Turkistan）勢力之際，塔里木周邊眾多維族商人奴僕都被吸收成為各國情報間諜，「日本考古隊放棄庫車山壁」的情報輾轉傳到了德國人，德國盜寶家范萊考克至此取得在中國四次挖掘中數量最大的收穫！

　　想著想著我們到了，紅色猙獰的山壁旁，矗立著「拜城克孜爾千佛洞」指標，它像是強壯滄桑的手臂，迎接小劉的車子進入維族語意中的紅色石窟。景區佔地非常廣大，上午九點半的陽光已放肆發威，熱力逼得安檢崗哨內的保安顯得無精打采，在崗哨後方百米，一尊黑色青銅塑像卻顯得奕奕生輝，他是整個景區的精神象徵──鳩摩羅什法師！身形枯瘦的修行者，鎮坐在兩排蒼勁高大的楊樹前，座下標示鳩摩羅什中文與梵文（梵語 Kumarajiva）。塑像神情宛如正在沉思也像在入定，我先恭敬一二三問訊頂禮，瞻仰塑像臉龐之際，內心開始與羅什法師稟明來此的因緣，繼而繞著法師行進九圈，內心什麼都沒有想，繞畢，佇立

▲克孜爾千佛洞

▲羅什法師塑像

在祂腳下冥想。

　　羅什法師塑像所在的位置是木扎爾特河谷（**Muzatr River**），在祂身旁北望，法師就像守護著峭壁斷崖上數百個洞窟，正是克孜爾千佛洞──它是當時西域諸國最大的石窟群，始建於公元第三世紀，當羅什法師公元 **344** 年降生之際，石窟早已存在龜茲國這個小乘佛國多年；據考公元第六～七世紀聲名最盛，正是古絲綢之路最興旺的大唐時代；當樂傅和尚在敦煌才剛開鑿莫高窟的偉大時刻（公元 **366** 年），龜茲國克孜爾千佛洞早已存在百年，是當今中國最古老的石窟。

▲克孜爾千佛洞門票

▲克孜爾千佛洞入口

滿懷期待購票進入洞窟，踏上一層一層階梯，整個木扎爾特河谷都在我腳下，谷地填滿綠色莊稼，一大片葵花田漫天搖曳，隱約彰顯此地富裕尊貴的出身。整個克孜爾千佛洞分四個洞區，洞窟數量超過 350 個，龜茲石窟研究院預估地下尚埋藏有一批，然而現存多數裡面或是殘破或是空無一物，看了讓人無奈遺憾；當德國考古家范萊考克接手日本人發現的這個地方，他火速圈地拉起全面封鎖線，並且在木扎爾特河谷的農村租下空屋作為長久根據地，比起他的祖國德國面積更廣大的「中國土耳其斯坦」這裡，眼下不再有其他角落能吸引滿足他。在范萊考克的描述紀錄中，説克孜爾石窟的壁畫是所有中亞藝術的頂峰……他説，這裡的壁畫是他在土耳其斯坦任何地方所找到過的最美麗的壁畫……他説，他們經常被華麗壁畫燦爛的藍色顏料弄得眼花撩亂，范萊考克自認深具藝術涵養，強調這種珍貴燦爛的藍色顏料在歐洲文藝復興時期就深受藝術家們鍾愛，價值數倍於黃金！……他將貪婪盜取的佛龕壁畫，大量運回了柏林……。德國人眼中燦爛的藍色，説明克孜爾石窟大量使用藍色顏料的壁畫在當今中國境內絕無僅有，而能夠歷經千年不消退的天然藍色，放眼當時整個土耳其斯坦地區，只有產自當今阿富汗的青金石，它與金銀身價的確不相上下，古埃及時期也出現在法老王的面具上；如此珍貴的顏料大量使用在石窟壁畫上，展現古龜茲人對於佛教的虔誠以及國家的富裕。范萊考克在「藍色石窟」的成果讓德國考古界一批一批接棒貪婪而來，又繼續搜刮了好一頓而回：風聞而來的英、法、俄、甚至重新回頭的日本等等，使得克孜爾石窟的文物散居各國。

　　我登上一層又一層，一個又一個這天開啟的洞窟，一次又一次地失望，因為幾乎已經毫無內容，只剩破敗的空間，我還寧願看到有些洞窟鐵門深掩，猜想或許這些關閉的裡面尚存燦爛遺跡；而有些倖存的洞窟，例如第 14、17、38 窟，就算只是殘存的豔麗，穿越時空後的光澤依然耀眼，但有緣人方能一睹，因為洞窟定期更換開放；為了不讓慕名而來的後人抱憾而歸，長年以來中國政府結合無數充滿使命感的知識分子，投入巨資與心力，在各國之間努力要讓屬於當今中國土耳其斯坦上的人

▲壁上附掛的複製壁畫

類遺產回到原址這裡（雖然絕大部分收藏在柏林最經典的壁畫，不幸毀於二戰時期，目前柏林亞洲藝術博物館還倖存一部分），我在一些被盜空的洞內，看到壁上附掛的複製壁畫，這些需要遠渡重洋向竊取之國請求協助的精彩複製，讓世人再親睹一次中國被任人宰割的歷史傷口。

　　龜茲國昔日的繁盛，造就自己燦爛文化，它的音樂、舞蹈融合印度、波斯、中亞的精髓，雕塑當然也如此；當這些盜寶人士早已習慣敦煌等地佛像的東方容顏，乍見克孜爾千佛洞內塑像，無不覺得欣喜若狂，因為那是有如希臘式的犍陀羅風格塑像，這種深具古希臘特徵的寶藏，使德國人加深盜取「原屬於歐洲民族」的念頭，拿得一點也不羞愧手軟。范萊考克洋洋得意記錄著，說在這裡取得的珍寶遠遠超過以往的任何成就，因為這裡不像在別處找到的那樣，在這裡所發現的都沒有被中國影響的痕跡……。是呀，羅什法師被苻堅「邀請」進入中國的時候，一句中文也不會，說的是印度語啊。我這樣的念頭下，對於在庫車火車

站的維族老婦人不會說中文,也就覺得淡然了。

在洞窟上方邊走邊看之際,幾個西方青年如風似地越過我身旁,實在好奇,怎有西方人不辭辛勞前來克孜爾?我跟隊伍最後一位打了招呼,是個熱情的義大利男生,他說總共四個德國人三個義大利人,他們從庫車租用摩托車狂奔到此,他得知我來自台北,竟興奮表示到訪過台北第一高樓101、嚐過好吃的鼎泰豐小籠包⋯⋯義大利人非常率真,承認對克孜爾石窟沒什麼概念,會到訪這裡純粹是四位德國人的強力推薦!是的,即使經過120個年頭,新生代的德國青年從上一代范萊考克等人盜回去德國的博物館典藏中,相信對這裡並不陌生。義大利男生吆喝其他六人來跟我互動,原本我很想跟眾人合影旅途上的偶遇,但想到德國人在此始作俑者的豪奪,我竟全無一點念頭,因為我無法在合影的當下綻露出中國人興奮好客的笑顏!狂曬太陽中,七個歐洲人就這樣飛也似地離開木扎爾特河谷。

離開克孜爾石窟,我再次來到羅什法師塑像前跟法師道別;仰望法師青銅塑像的神情,有類似奧古斯特 ‧ 羅丹的《沉思者》風格,但覺羅什法師似乎有著諄諄開示;不知日後人生,我是否還有機緣再來此地。

走出克孜爾石窟,難掩失望與失落,也許來之前期望過高;小劉倒是提醒想看更多精彩壁畫雕像的紀錄,記得回到市區的庫車博物館找找。車子繼續前行,小劉要帶我去被他列入庫車必訪的克孜爾尕哈烽燧——是整個新疆地區規模最大、保存最完好的古代烽燧。車子轉入鹽水溝旁的戈壁,路面明顯不如克孜爾的平整,水泥路碎石路一段又一段,在我們行駛過的車尾揚起一大片灰塵,

▲鹽水溝河谷

我的視線裡毫無一點綠色，這裡死寂可比羅布泊，是漢唐時期戍守邊關的一部分。車行過了兩刻鐘，我們抵達目的地，小劉跟景區大門守衛打了聲招呼便長驅直入。

「不會有人想來這裡，遊客一天不到十個人！」小劉說著，我完全同意他的看法，莫說大門守衛完全沒有遮蔭，我放眼一望，景區內一棵綠樹即使小樹苗也沒有，遊客絕對待不住。

克孜爾尕哈，維族語意中是「紅色哨所」，孤零零的巨大烽燧就在前方對著我們打招呼。這個被列入世界遺產、中國國家保護的重點文

物，它最高價值在於從未被翻修整建過，打從唐朝建立開始就是這般模樣的原汁原味，印證夯土版築是古龜茲國最古老的建築工法。它像一個打不倒的硬漢，頑強在一望無際的戈壁灘上抗衡強風、日曬、雷暴、甚至地震而不毀！

▲克孜爾尕哈烽燧

古代烽燧有不同功能用來傳遞狼煙軍情，烽是夜間燃火，燧是日間放煙，眼前這兩者兼具、巨大的唐代烽燧，說明大唐王朝的國力，也說明古龜茲國在此的重要性，我想到羅什法師生前也許去過克孜爾石窟，但他的年代鹽水溝這裡還未設立這個大唐軍防工事。站在烽燧之前，我頓時如一粒芥子般渺小，旁邊的鹽水溝溪床完全乾涸，短短五分鐘，高溫曝曬讓我就想逃回車廂內，離開了克孜爾尕哈。正午時間我們開始展開覓食，小劉開車進入克孜爾小鎮，說是小鎮商圈其實就是短短一條路，我看到馬路中央種植著美麗的花朵充滿文明氣息，但卻半個人影也沒有，小劉說這裡基本上沒有漢人，想不挨餓只有靠維族食物了；車子不消一分鐘就繞完整條路，我只提出簡單要求「食物不要泡在灰塵裡」就好，於是整條馬路只有「艾孜孜美食」符合了，它的店招與伊斯蘭房屋在這條路上特別醒目。

　　正是中午用餐時間，店內卻沒任何客人，店家女主人標準維族裝扮（綁著頭巾）看著兩個漢族男人走來，雖無笑容可掬倒也點頭招呼，引我們入內就坐；從外頭熱辣辣的太陽下入內，屋內沒空調卻也算舒適，四壁都是常見的伊斯蘭圖案瓷磚，小劉問她要菜單，她半維語半中文語調輕柔跟小劉說了一下，「今天只有手抓飯！」小劉對我說「這飯原來也是她給家人準備的，她沒預估今天會有人光顧！而且剛煮好羊肉還

▲鹽水溝河床完全乾涸

▲艾孜孜餐廳

165

有一小只去皮羊腿⋯⋯」羊腿，是維族人眼中的大菜！於是我們聽從建議，為自己點了羊腿手抓飯，為小劉點了羊肉手抓飯，再請他取來冰凍的烏蘇啤酒——新疆啤酒第一品牌；我想為自己來到羅什法師的出生國度而喝一杯。

維族的主食是各式大小厚薄的烤餅，只有在重要日子或慶典時才有手抓飯，「艾孜孜美食」今天這道手抓飯，我猜想是女主人準備給家人晚上共同享用，卻讓兩個不速之客捷足先登了！熱氣騰騰正統的維族手抓飯端上桌，白飯混著洋蔥胡蘿蔔絲，再用羊油拌勻，看起來晶晶亮亮的手抓飯，我們當然無法如維族般真的用手抓著吃，女主人第一時間就送來勺子與叉子。

「維族人也用筷子嗎？」我隨口問。
「他們愛吃麵食，一樣也用筷子，吃烤餅就用不上了」小劉說。

新疆飲食以份量超大而知名，大盤雞就是人盡皆知的「大」名菜，女主人給的手抓飯也份量驚人，這手抓羊油飯味道挺香，飯粒吸飽了洋蔥胡蘿蔔的甜味，雖然嚐起來有些膩嘴；飯底下蓋著一只水煮羊腿，羊腿熬煮得非常軟嫩，輕輕一揭就能輕鬆入口，肉質因為去了皮不算太油也減低了騷味，「這羊腿原本

▲羊腿手抓飯

是給男主人準備的吧！？」我邊吃邊想著。

美味的維族料理吃得我汗流浹背，我想起前一天在庫車巴扎吃到的土耳其炒冰淇淋，此時來上一盅應該最是享受，可惜這裡沒有；但女主人招待了無花果茶，是整顆無花果乾浸泡在沸水裡的維族喝法，入口非

常清甜。兩個人餐點加上啤酒，全部消費不到 70 人民幣，在我的古龜茲國旅行記憶札記裡記上深刻的一筆。

　　古龜茲國尚有一處庫木吐喇千佛洞，開窟時間比克孜爾千佛洞還晚百餘年，而且遭世界盜寶賊洗劫的程度更為徹底；飽餐之後，小劉專程繞過去庫木吐喇讓我看了一眼，傍著豐沛河水的崖壁上數十洞窟，有如「千山鳥飛絕，萬徑人蹤滅」的孤寂，就像埋入記憶中的龜茲國印象。趕回庫車市區，龜茲博物館是我迫不及待的目標，博物館主樓原本只是庫車王府與庫車清真大寺的附屬建築群而已，這三個連成一氣廣達四萬平方米的庫車地標，是近代維族抗衡中國動盪歷史的縮影，庫車王是大清乾隆所冊封的中國最後一位王爺，他是維族人，因為協助平定準噶爾大小和卓叛亂，這段歷史真要說起來非常龐雜，幸好近十年華人地區火熱的大清宮廷鬥爭劇（《甄●傳》、《如●傳》、《延●攻略》……等等），劇情中對於雍正乾隆經常陷入憂慮的準噶爾局勢有多次提及，有助一般遊客得以快速體認庫車王的貢獻，從大清到民國初年，長年以來這裡混亂局勢就如同羅什法師身處的魏晉南北朝。

　　購票進入庫車王府，熱情的引導人員立刻趨前指引：「正前方是清真大寺，左前方是王府，王府花園旁是龜茲博物館，進入這三個地方請您要出示票證……」我的目標當然是庫車王府花園旁的龜茲博物館了。

▲清真大寺

才踏入庫車王府花園，眼前景象之美超出我的預期，綠樹包圍著田田荷花，我以為來到北京頤和園、南方洞庭西湖了，雖然現在四周都是伊斯蘭城堡式建築，但最早大清乾隆表彰庫車王，就特別從中原派遣漢族工匠建造王府，雕樑畫棟加上吉祥清淨荷花池也稱得上是一大聖寵。

▲庫車王府

▲庫車王府花園

▲龜茲博物館

以規模而言，龜茲博物館其實只算是小型博物館，旅人不需要樓梯爬上爬下就可以流覽。館內詳細整理了佛教自公元一世紀進入古龜茲國的全面影響，就是這樣的底蘊，給了克孜爾千佛洞、庫木吐喇石窟誕生的養分，並滋養出一批智慧如海無私的僧侶將佛寶往東帶入了中土。

▲犍陀羅風格塑像

在館內，我看到卷髮高額的犍陀羅風格佛像，就像西方宮廷電影中梳著高貴髮型的宴會仕女；還有身穿歐洲宮廷服飾的紅髮供養人（但有人研究應該是人種多元的古龜茲表演藝術家）、體態渾圓黝黑飽滿的天竺仕女……；但其實看完全部館藏的我還意猶未盡，說不上來原因，也

▲歐洲宮廷風壁畫

▲天竺風壁畫

▲熱斯坦路中東風格

▲無花果

許如同我對克孜爾千佛洞一樣期望過高，也許我遺忘這裡已不是佛教國度了！

是的，當我走出園區大門，迎面盡是色彩斑斕的伊斯蘭圖騰街景，還真使我想起《天方夜譚》故事裡，阿里巴巴在巴格達挨家挨戶所敲打的門，庫車這條「熱斯坦路」，商店招牌、民居窗戶大門滿滿裝飾著回教美學，家家戶戶不約而同在門口種著無花果樹，綠色黃色紅色的果實成串；一位維族仕女走過我身旁，她衣著時尚氣質優雅，綁著紗質頭巾，足蹬高跟鞋穿過人行道上，熱斯坦路這個畫面讓我就像身處在土耳其伊斯坦堡舊城區，也許更像是伊朗德黑蘭的老巴扎附近；……我因為愈走愈遠，小劉師傅還以為找尋什麼，車子就這麼跟隨我身後……。

晚餐我當然想到庫車大巴扎的維族老闆，大巴扎內店舖無數，我一提之下，小劉立馬知道說的角落，說他不是去吃炒冰淇淋，而更愛店家的冰鎮鮮羊奶，原來是庫車小有名氣的舖子；留鬍子的維族男人還是一貫熱情招呼，嚐了他最推薦的羊肉加上烤餅，再來土耳其炒冰淇淋，然後拎著一袋蟠桃回到旅店，明早出發前往喀什之前，庫車給了我一個飽足的夜晚！

▲小劉師傅與我

《第十一章》喀什:
白雲飄不過祂的山頂

上午九點，我就來到庫車火車站，準備前往南疆第一大城市——喀什，它是南疆鐵路上最耀眼的明星，是新疆的特區，是可通八個國家的中國門戶。維族習慣全稱「喀什噶爾」，語意是：像玉一樣美的地方。

這座歷史名城，曾是西域36國之疏勒國的首都，但在羅什法師降生龜茲國之際，龜茲王已經併吞了疏勒。昔日羅什法師跟隨母親前往罽賓國與天竺深研佛法，喀什是必經之地；他們兩人移動超過1700公里，從龜茲國，經疏勒故國，然後進入帕米爾高原（蔥嶺），抵達罽賓國（今天的喀什米爾）；大唐時期玄奘法師天竺取經的回程，也走過古絲綢之路這一段，但千年後今天從喀什開始，相同一條路已經提升成為中國與巴基斯坦跨國公路——中巴友誼公路。追尋羅什法師腳步的我，想體驗看看從綠洲到世界屋脊高原[1]的漫漫長路，法師的雙眼看到了什麼？

我很慶幸，火車沒有延誤，它平安經過庫爾勒前的危險路段「百里風區」。從庫車到喀什，距離超過1000公里，車行時間得10鐘頭，我搭乘的還是快速列車的「空調硬座」呢！列車10：20緩緩離開庫車月台，若以此地的生理時鐘，也才剛早晨八點一刻左右，列車上的乘車員們開始展開服務伺候，耳邊傳來溫軟的播音，在一系列的歡迎詞、禁菸要求、安全物品規定之後，她強調車上準備了豐盛的早餐，每份才十塊錢；這倒是挺吸引我的，因為在庫車旅店出發前，才啃了半個冷硬烤餅跟一杯咖啡。

來了身材魁梧的漢族安檢員逐一比對座位，以及行李，我真佩服他

註1：青藏高原。

真能搞定整列車上的維族乘客嗎？維族人真的不會偷抽菸嗎？逮到會如何處理？場面會很難收拾嗎？一連串的問號，還真讓我有點席不暇暖。
「早餐需要嗎？」隨後來了甜美的漢族姑娘，推著餐車而來。

「有什麼呢？」我問。
「玉米糊，還有窩窩！」她回答我。
「十塊錢？！」我再確認，發現前後座位的人，都好奇看著食物。
「是十塊錢！」姑娘點頭，「來一份嗎？」

她遞來，我接手果真感覺熱騰騰。心中打的主意是當作所謂「早午餐」，我旅行的生理時鐘可還是遵循標準時間（北京時間）；再者，比起再過兩個鐘頭的火車上油膩又未必合味的午餐，這個早餐內容還算適合我！

還冒著熱氣的窩窩有甜味，咬起來口感紮實，再配上玉米糊，整個胃都暖和起來。可能我吃相不怎麼優雅，只隔著走道的小男孩盯得目不轉睛，「你想吃嗎？！」我隨手給小男孩一個窩窩，他是漢族，當然聽懂我的話，小男孩憨笑搖搖頭，把臉蛋埋進了爺爺懷裡！「他不吃，只是看你吃而已！……」爺爺開口了，他姓史，從廣州來的，「這是粗糧，年輕時候天天只有這個，我們都吃怕了呢！」也是，玉米糊與窩窩，對我這個台灣旅人只是圖個新鮮貨罷了；我純粹因為世界飲食潮流，不追求過度精緻與加工的糧食原味，只要不難入口就該知足惜福了。史先生打開話匣子，說現在火車正在跑的南疆鐵道，他是建造的一分子，因為想念當年工作的鐵路，特別帶著老婆回來看看，孫子也跟著來……「所以我說你吃的

▲火車上的玉米糊與窩窩

175

是粗糧，以前我們的勞動體力就靠這些，管飽！」。

「這列車從寶雞來的，大爺是從寶雞開始坐嗎？！」我一搭一搭地聊著。

「我蘭州上來，從廣州搭飛機到蘭州先玩了兩天！」他說，原單位是鐵道部第一設計院，機關總部就在蘭州；我們聊著我在蘭州的行程所見，聊到他懷中小男孩睡著了，史兄也就瞇眼休息。

火車上百般無聊，沿路依然只有戈壁灘；右邊窗外的天山山脈時近時遠，它是亞洲五大山脈之一，我知道天山頂上有連綿不絕的冰川，融水滋養無數新疆草原與哈薩克、烏茲別克的村鎮森林，但是現在我看不到天山頂，只看到天山山腳幾乎寸草不生；近在眼前的是跟鐵道平行陪伴的吐和高速公路，運煤車、油罐車偶而出現在高速公路地平線上移動，成為僅有的活風景。漫長的旅程中，人只能睡覺或發呆或閱讀，或看著手機上未更新的資訊，車廂內反而顯得安靜。

不知道過了多久，窗外斷斷續續出現綠色風景，大多是棉花或者棗樹，可惜這時候不是棉花成熟期，大地不是鋪滿雪球的夢幻畫面，看起來只是一片綠色莊稼，新疆棉花產量世界之冠，盛名之累引起世界網友的廣泛爭論與惡評；就如同貼上「中國土耳其斯坦」的這塊大地，也是各國角逐勢力的領域。日不落的英國，在 19 世紀中葉殖民印度的時候，就在喀什設立領事館，由當時印度首都加爾各答指揮調度喀什事務。英國算盤打得狠，瞄準佛教由天竺進入西域與西藏的千年路徑，以此擴大南亞地緣上的優勢；這樣的企圖被正在蠶食中國北方的俄國一目瞭然，隨即也在喀什設立機構。那些前來「中國土耳其斯坦」新疆的各國盜寶賊，有的透過英國手續從印度進入帕米爾高原到此，有的透過俄國從哈薩克或高加索進入新疆。這也說明了為何喀什的英國領事麥卡納的官邸，經常成為各國盜寶賊的留宿住所、補給站與情報中心，「在中亞細亞每個旅行者，都知道喀什的英國領事館，凡想在中國土耳其斯坦碰碰運氣的歐洲人都知道那是一個安樂窩和慇懃接待中心」這是喀什領事館

內一位英國軍人在日記中所提及；也說明「國際奪寶戰」的年代，從烏魯木齊、庫車到喀什，處處都有被英俄兩國為首的國際情報販子布下的各行各業線民，這樣複雜的背景使喀什不再是亞洲最遙遠的小角落、不再是地球上離海最遠的城市。

不知道又過了多久，列車上的乘務員再次來進行安檢，這次並且做最仔細的清潔打掃；這位漢族壯年將近一天的來來回回，旅人看著看著都「熟悉」了，這份「熟悉」就是人與人之間的「信任」——服務業最高的境界。「喀什還多久啊？」我問，「快了快了！」眼下的工作沒停頓，他回答我。

「坐得我骨頭快散了。」我喃喃自語。

「你庫車上來的吧？！」壯漢看了我一眼，制服下的臉孔倒也帶著瀟灑，「庫車到喀什才 1000 公里，我從寶雞開始 3600 公里，一趟車上得待三天！」壯漢說著說著，旁邊廣州史爺也默默點頭表示同意，孫子依然睡得香甜。「大家都來南疆，這裡真有那麼好嗎？」壯漢乘務員離開前這句話，讓我有直搗入心之感。他私下告訴我，這段車次太辛苦沒人要跑……我雖感同身受，卻只能表示感謝與打氣！

入夜八點天色仍白，列車緩緩停靠月台。我不知道一千多年前隨著母親一路前往北印度的羅什法師，從庫車到喀什花了多久？但就算有駱駝驢子等交通工具，也只能安步當車。這樣想，火車上十個鐘頭的疲累根本不值一提。

透過深圳朋友協助，事先幫我預訂了喀什商務旅店；安頓之後，趁著天幕未黑，我迫不及待想要看看這個古疏勒國的首都，旅店周邊都是四川麻辣燙等漢族店舖，深圳友人想當然耳認定居住在漢人集中區塊比較安全。但我記憶中浮現的是幾年前一部阿富汗電影《追風箏的孩子》（The Kite Runner），它曾經被金球獎提名 2008 年最佳外語片而舉世風靡；電影中充滿原汁原味伊斯蘭風情的古老城市，正是在喀什老城取

景，完整保存中世紀時期中亞容貌的喀什老城讓現代西方旅人蜂擁而來，熱絡程度更甚於「國際奪寶戰」年代摩肩接踵的盜寶分子！我詳查喀什市區，老城距離旅店並不遠，然而櫃台人員強烈建議不要在夜晚進入老城，尤其我是形單影隻；加上深圳友人確定我入住後再三叮嚀晚上勿外出，喀什的首夜，就有勞四川麻辣燙與奶啤陪我平安度過。

▲新疆奶啤酒

　　隔日清早七點，早餐前我照例出門散步，悠閒走在一個全然陌生的城市裡，是旅行的一大享受。最難得的是喀什竟然下著細雨，這是我追尋羅什法師身影之後首次遇到，雨水對於南疆塔里木盆地這個乾燥地帶極為珍貴，氣溫頓時從昨天 35 度陡降到 21 度，非常透人心脾的涼爽八月！旅店周邊路上完全沒有行人，甚至沒遇著有人晨跑運動，清早七點對於中國這個極西小城的居民而言，生理時鐘才約莫五點而已。才走兩分鐘，「盤橐城」指標牢牢吸住我的眼球！

　　我相信，倘若羅什法師當年經過這裡，必然會看到當時已三百年的盤橐城；它原本是古疏勒國的王室宮城，漢朝一代名將班超奉命遠征西域，降服古疏勒國後以盤橐城為根據地，統一周邊龜茲、莎車、于闐……諸國，古絲綢之路從此得以安穩平順。被朝廷封為「定遠侯」的班超，

史書記載在此固守長達十七年；今天喀什人民政府將盤橐城改名為淺顯易懂的「班超城」，增建樓閣廣植楊柳，成為這西荒邊陲的美麗勝地；但其實，我想看的是從漢朝至今殘存的古老城垣，就在售票口的右側轉角，那是一小段不起眼的夯土牆，非常容易被訪客忽略；經過二千年歲月淬煉，城牆模樣呈現上薄下厚，在清早細雨潤漬下，像個安享晚年的蒼老英雄固守在喀什市區；因為太早了，還沒開張迎客的班超城，我已經繞完整圈。

▲班超城　　　　　　　　　▲古老城垣

　　回到旅店，早餐見到喜歡的玉米糊，為我帶來無比飽足；但我的心就像阿富汗電影《追風箏的孩子》裡的風箏，早就飄揚在喀什老城的上空了，那是世界旅人前來喀什第一個目標。旅店櫃台指引門口有公交車直達老城區，一塊錢搭七站；一路上看到繁華的喀什市容，色彩斑爛的伊斯蘭風格高樓，比起我在庫車熱斯坦路看到的更雄偉更氣派。

　　我在艾提尕爾清真寺附近下了車，細雨時有時無，眼前的店招全部是我看不懂的文字，迎面錯身都不是漢人，莫名的疏離感更甚於庫車，這裡混合著先天種族的隔閡與後天屬於大都會的冷漠，我想不到這竟然是一個中國城市！站在艾提尕爾清真寺廣場上，維族語意艾提尕爾是「做禮拜的場所」，它是南疆第一大清真寺，至今已有五百多年歷史，

黃色馬賽克外觀非常莊嚴（不知道能否如此以佛教用語形容），廣場上維吾爾遊人如織，男戴小帽女綁頭巾虔誠出入，如此一個聖潔的殿堂，我也想進去看看；記得在埃及、土耳其、伊朗旅行的經驗中，當地大型清真寺是非常歡迎遊客入內，何況我的衣著樸素毫不失禮。我就這麼走進清真寺，也許是我毫無猶豫地脫下鞋子，門口維族男人並沒有多加盤問只跟我比了一個「請進」手勢；寺內是一個大空間，擁有美麗無比的穹頂，還有一座漂亮的後院花園內種滿老楊樹與無花果樹，我並不知道該在這裡做些什麼才不會冒犯，所以決定快速離開。

▲艾提尕爾清真寺

　　已經被中國列入保護文物的艾提尕爾清真寺，隔著馬路對面就是喀什古城，它是整個喀什噶爾的靈魂，被形容是一座活的博物館，區區4.25平方公里的土地上居住著約13萬維吾爾族，數百條古老的巷弄密織交錯，訴說著喀什的過去現在未來；我想起《追風箏的孩子》畫面中，伊斯蘭小男孩在中亞城鎮的天真奔跑（就是這裡）；我也想起羅什法師不到十歲前往喀什米爾，也許經過這個開埠至今兩千年的古城，雖然這裡曾是佛教昌盛國度，但如今一座佛寺也沒有。這裡歷經古疏勒國都城、身處大漢王朝與貴霜帝國（大月氏）兩強夾峙的十字路口，誰都想將此佔為己有；從古到今，任何的風吹草動，都挑動著這個古城的每條神經，

包括盜寶年代英俄兩國在此交鋒的情報戰、甚至如今南疆恐怖攻擊最頻繁之地，都在這裡。

▲維族男人日常縮影圖像

我不能想像昨夜如果一個人來此，會是如何的場景：倘若古城內成群的維族看見一個漢族男人在此無所事事、東張西望地走著……噢！的確是不妥。此刻白天，我從艾提尕爾清真寺過了馬路，進入古城的入口「歐爾達希克路」，迎面就看到在整棟樓房的外牆上懸掛一幅醒目的圖像，圖像內容是一群維族男人席地坐著喝茶吃烤餅，畫面描述正是維族人的日常；這裡每個店家與攤位，對我都有高度吸引力，我已經走過烏魯木齊大巴扎、庫車大巴扎了；但這裡跟前面兩個城市的巴扎不一樣，它不是為觀光客而湊成的市集，這裡是維族人生活的全貌，包括他們的住家與好幾世代往來的商舖。街道空氣中瀰漫著多樣長年存在的氣味：菸草味、果乾味、茴香味、打鐵味……一群歐洲旅行團從我身旁走過，其中一位棕色頭髮的女士形容這裡的環境與氛圍，像極了北非摩洛哥的馬拉喀什（Marrakech），同樣是沙漠邊緣的古城；總之，你就是會忘記這是在中國。

古城巷弄縱橫交錯，對外地人而言就像個超級迷宮，我愈走愈深入，身旁再也沒有一個觀光客；眼前出現一座清真寺，寺前庭院盛開著一大片夾竹桃，夾竹桃是喀什的市花，眾所周知是有毒植物，就像這座古城飽含讓人「上癮」的魅惑毒素般。我在土

石路面東轉西折，有的巷道甚至只能容納兩人行走，常常在轉角後一刹
那出現讓人驚喜的美，那是屬於喀什古老的空間堆疊的美，也是歲月靜
好的美；是屬於獨處男人滄桑雙頰的美，也是純真無邪童顏喧嘩的美。
維族人居住的房舍也是讓我流連的一大亮點，挑檐上的花紋、廊柱上的
雕飾、壁面上的馬賽克，每當仔細盯著一幢漂亮的房屋，總擔心屋內維
族人是否也在緊盯著我；遇見任何人影，都令我擔心是否已闖入他人住
宅，這時候只能自己主動點頭微笑示意。真不知道這樣逛了多久，直到
空氣中飄散著令人垂涎的孜然香味，我才驚覺已經是過午一點了！

孜然香味誘發我更感覺飢腸轆轆，那是一家維族店舖，專賣烤包子，兩個維族男人正忙著捏麵團再包入羊肉，另一個男員工在爐窯邊揮汗烤著，包子外皮烤得金黃色澤，他的面前有人排隊等著剛出爐的包子；店內坐滿大快朵頤的維族男人，我看到每個客人都點用兩個，一個還在盤內，雙手抓一個大口咬著，嘴邊都是香鮮光滑的油脂；放眼眼前已經沒有覓食的其他選擇，我也就外帶了兩個這個維族經典小吃。我內心其實有點掙扎，因為看了正在包的餡兒，肥肉比例大大多於瘦肉，雖然這樣烤起來的包子濃郁豐潤，但我曾經吃烤羊肉串的肥油而強烈反胃，至今在吃烤羊肉串必定把中間的肥油去除才行，這個動作常讓一起享受的同伴覺得掃興。我拿了熱騰騰烤包子往角落去，外皮一咬脆中不失紮實嚼勁，但果然如我所料，餅皮內油滋滋的肥羊肉，正不知所措之際，一隻流浪貓在腳邊望著我；相信我，全世界的流浪貓就是能清楚判斷陌生人是否友善，在台灣長年養貓的我，車上總是備著貓糧，用來餵食常遇到挨餓的浪貓。我極其小心取下烤包子的肥羊肉，這隻喀什的貓竟然專心吃完……還咂咂嘴之後一溜煙不見了！知道為何維族烤包子得趁熱吃嗎？因為冷掉的包子，內中的肥羊肉餡兒會凝固如羊油讓人更難以入口，但我還有一個包子需要解決，正好又巧遇一位來自河南的背包客。

　　「這烤包子好吃嗎？」背包客叫張東，年齡不到三十，正是食量最好的年紀。

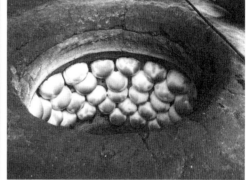

▲維族烤包子

　　「還行！」我回答「價錢不貴又挺大的，你買一個就好了，我還有一個吃不完，怕冷掉不好吃，跟你結緣！」張東雙眼張得大大，很高興，他果真狼吞虎嚥吃下兩個烤包子，其實我更高興有他幫忙解決難題。

　　午後的喀什老城，街巷的維族人，比起上午更冷清了些，這樣的光景，彷彿時間被凝結不動，鐵匠木匠陶工油坊等古老技藝在此一直存在，我遇到一位維族老鐵匠，整條土黃色屋舍的街上就他一個人，在陣陣熱煙包圍下使勁又專注敲打著，我的出現並沒有驚動他，反而擔心他會不會對我不友善！「下午好，我從台灣來……」主動送上問候並且展示手上的相機，維族老鐵匠抬頭看了一眼，然後繼續低頭努力工作著，沒什麼特別表情，任由我在身旁繼續拍照，「也許他不會中文……」我想，但至少沒有任何不悅，此時他對我放心，我對他也放心；我並不認識門前陳列的成品，也深深感覺彼此文化上的隔閡，但，這一切都在不言中。說實話，這樣的畫面與臉孔，實在很難聯想到南疆讓人望之卻步的恐怖攻擊了。

　　傍晚時分，老城人潮再起，我為自己準備了烤餅、果乾、維族甜點，作為隔日進入帕米爾地區的糧食。千年前羅什法師經過這裡，準備進入帕米爾高原之際，我相信也感受過此地豐饒的供養，因為離開喀什前往罽賓國（當今喀什米爾），法師跟母親就進入最艱困的腳程，這段在昔

▲維族老鐵匠

▲烤餅

▲左到右為大棗、核桃、無花果乾、開心果、葡萄乾　　▲維族甜食

日西方盜寶賊紀錄中，是「中國土耳其斯坦」極為勞頓的路途。

　　還記得那位在古龜茲國克孜爾千佛洞大肆搜刮的德國范萊考克嗎？他的盜寶紀錄中提及自己在新疆身患慢性痢疾，為了保命決定撤退回到印度治療，於是喀什的英國領事派遣一位軍官謝勒上尉陪同，保護范萊考克翻越帕米爾高原喀喇崑崙山抵達印度；誰料到這位謝勒上尉在帕米爾引發高原反應——罹患傷寒與肺炎，狀況比需要保護的范萊考克更加危急，迫使范萊考克將自己的帳棚食物與僕人留給謝勒，他加快駱駝腳程直奔喀什米爾拉達克，再派人送快信（描述自己與謝勒病情）給在印度的英國醫師；等到醫師再派人送回藥物，范萊考克再次翻越帕米爾回到謝勒紮營地，然後歷經千辛萬苦又一次翻越高原用擔架運送謝勒抵印度。兩週內三度往返中國印度的范萊考克，自述路程中最窘迫時只靠麵粉攪拌雪水的麵糊維持生命，而該位謝勒軍官抵達印度之後療養長達半年才康復，他們在世界屋脊上的生死交關，證明這段古絲綢之路的艱險。今天，這條已經成為中國編號 314 國道，通往巴基斯坦旁遮普省的跨國公路，每年依然有長達五個月的冰封時間。受限於中國邊境政策，持台灣證件的我無法走到中巴國境的紅其拉甫國門，但追隨羅什法師的

身影，我依然期待可以深入這條公路約三百公里。

次日上午八時，司機小兵來旅店接我，這是抵達喀什當晚就安排的期待行程，小兵是年輕熱情的漢族司機，「兵」這個姓氏還真少見。這天旅伴還有一對河南閨密與四川老夫婦，即使大陸本地人來到遙遠的南疆，也頗期待進入帕米爾高原。

「大家都預備中午的食物了嗎？帕米爾山上真沒東西吃！還有現在喀什熱，上到海拔四千米很冷，外套有吧！？」小兵叮嚀著。

離開繁華的喀什，我看到路邊指標「中巴友誼公路」，慢慢咱們往南進入了郊區，經過無數維族的聚落，這些伊斯蘭房屋明顯比喀什老城還要新穎些。小兵在最後一個村莊讓大夥兒進行最後的補給，路邊市集賣的都是烤餅、衣服、羊肉等商品，整個逛完不消十分鐘；兩個閨密買了蟠桃，遞了一個給我，她們是同事，來此是例行的年度遠行；四川夫婦年紀已近八旬，身子骨看起來很硬朗，太太買了烤餅；除了我們，眼前一個漢人也沒有。

跟前幾日不同的景象是，眼前不再只是荒涼單調的戈壁灘，一路可以感覺逐漸爬升，雄偉起伏的大山愈來愈靠近。整個中巴跨國公路，從喀什開始中國路段雖然不到五百公里，但卻正積極加大改善路面水平，有些路段已經直追高速公路，原因在於巴基斯坦是中國最強固的友邦，且參與中國正積極推動「一帶一路」中的重要項目，這條跨國公路就是未來兩國間運輸的重要走廊，我們因此而受惠，行走起來感受並不辛苦，「跟大家說，這條路我跑了三年，從來沒有像現在這麼好走！」小兵說著「以前整條路，從剛才村子顛簸三百公里到塔縣……」塔縣是中國在帕米爾高原上的少數民族自治縣，全稱是塔什庫爾干塔吉克自治縣，顧名思義，這個縣的人口組成以塔吉克族為大宗，縣內有中國往巴基斯坦、往阿富汗的國門界碑。帕米爾（The Pamirs）一詞原意是「在高山間一連串的河谷草場」，這些讓人生息繁衍的河谷草場就叫做

「帕」，整個廣大壯闊的帕米爾總共有八個「帕」，錯落在天山、喀喇崑崙山、崑崙山、喜馬拉雅山、興都庫什山五大山脈之間的河谷上；百餘年前因為英俄在「土耳其斯坦」的角力瓜分，迫使這裡如今分屬三個國家的地界：中國、阿富汗、塔吉克斯坦，其中超過一半的範圍屬於塔吉克斯坦共和國。

車行約莫一個小時，兩旁景色驟變，整個山體是一片血紅色的世界，這裡的紅色跟吐魯番火焰山的橘紅色有所不同，此地名為紅山，稱得上是進入帕米爾高原的大門，來到紅山表示抵達路程中第一個檢查哨。「你會發現檢查哨山頭上堆滿冰雪，超級漂亮，但請先不要拍照，乖乖

▲紅山

▲檢查哨

過安檢！」小兵叮嚀著，其實車上成員都清楚，在南疆旅行，大家都習慣這樣的例行檢查，規矩下車、掃身分證、再安靜上車，當然我的台胞證依然耽擱了大家在車上枯等幾分鐘。

過了紅山檢查哨，我們沿著喀喇崑崙山向南前進，帕米爾高原壯麗的神采就輪番上場，但美

景只是旅人所賦予的意義，在羅什法師等求道者方寸之內，色即是空，美景也許微不足道；《大唐西域記》中玄奘路過帕米爾，也很具體描述這裡氣候寒冷，土壤稀少，根本不適人居：「東西千餘里，南北百餘里，狹隘之處不逾十里。據兩雪山間，故寒風淒勁，春夏飛雪，晝夜飄風。地鹹鹵，多礫石，播植不滋，草木稀少，遂致空荒，絕無人止。」但縱然客觀條件不良，更早在中國最強盛的大漢時期，這裡是西域 36 國之蒲犁國，國雖不強盛，卻是古絲綢之路商人往來地中海與中亞的必經之處，班超定遠後，漢朝正式列入經略版圖，稱之「蔥嶺」。如今，來到蔥嶺的我，頭頂上是千年冰川，這些冰川，《地藏菩薩本願經》中的「河神、樹神、山神、地神、晝神、空神、川澤神……」，是否祂在此已過目了多少人間輪迴？！

　　大約又過了四十分鐘車程，我們抵達了布倫口，車外強風颯颯，足夠颳起一部路過的汽車，但是，這裡卻有絕色的美景，任誰看了都想下車逗留；眼前是帕米爾高原最高峰 —— 公格爾山，海拔高度 7649 米，接近峰頂有朵白雲，連天空中的白雲也飄不過祂的山頂，祂屬於喀喇崑崙山脈，我看到山頂上有著萬年冰川與雪壁；狂風就是從公格爾九別峰，帶著山頂上的冰凍風刃直灌下來；雖然山高峰險，但是景象也奇特，帕米爾高原上植被稀少，整個公格爾山坡一片光禿禿，長年風寒造成地

▲公格爾山

▲玄奘曾在此山壁歇息

質接近凍土，任憑冰川融化成雪水滋潤，竟無法造就青翠蓊鬱的高山森林，玄奘大師只是路過也清楚描述：這裡土層稀少，難以種出糧食。

不知道羅什法師跟母親路過這裡，面對這片「無聲說法」的天地，是否曾經在此歇息？布倫口這裡是個小谷地，強風將空中無處不在的細沙吹襲而來，沉澱形塑成一座麵粉狀姿態旖旎的白沙山，有人形容這是高原上的沙漠，也有傳說《西遊記》中的流沙河在此，因為與世隔絕無人踩踏，如夢般的線條更甚於敦煌鳴沙山，在帕米爾變化多端的雲霧、與超強紫外線照射下，我們眼前白沙山呈現著多樣色彩；在白沙山與公格爾山之間的谷地，從公格爾九別峰冰川上融化的雪水，匯聚而下成為白沙湖，浩淼的白沙湖面積約 44 平方公里，相當於七個台灣日月潭，白沙湖的水色介於乳白與青碧之間，這裡也是附近塔吉克族重要的放牧之地，雖然草場並不豐美，在土壤淺薄的這裡卻已經難能可貴。

▲白沙山與白沙湖

公格爾萬年冰川雪山、夢幻白沙山、加上滋養牧民的白沙湖，構成布倫口這裡的曠世美景；但隨著中巴國際公路的愈來愈升級，湧入愈來愈多的旅人，塔吉克族在放牧之餘，布倫口這裡自然形成一個小小市集，看著他們兜售各種顏色礦石項鍊的淳樸臉頰，不得不讓人憂慮這裡的純淨天地能夠維持多久，或者依然難逃佛陀早已透視「天地萬物，無

不成、住、壞、空」的開示。

　　離開布倫口，車子繼續往南深入，方向是往巴基斯坦，我們左邊是喀喇崑崙山脈，右邊是天山山脈，峰頂上的冰川在陽光下閃著光芒；這兩條綿延不絕的巨龍中間狹窄谷地上，流淌著蓋孜河，近年氣候暖化的浩劫當然也沒放過帕米爾高原，沿途冰川比以往融化得更快，消融的雪水經常使得蓋孜河漫過中巴公路路面，如果可以在「建設開發」與「保持古老原狀」做選擇，對減少碳排放、阻止全球暖化有所幫助，那我寧願不要這一條穿過世界屋脊的現代化公路，我寧願不要太多旅人上來帕米爾，我不願意這些千年古老的冰川在我們當今這一代人的眼前消失，那是法顯、鳩摩羅什、玄奘等古德高僧與往返古絲綢之路上的無數眾生所共同經歷的偉大空間！

▲中巴公路上冰川與融水

　　置身帕米爾高原，伙伴們的情緒都頗為亢奮，幾乎遺忘已經接近正午時間，車子抵達卡拉庫里湖——又名「蔥嶺聖湖」，是塔吉克族心目中的聖湖，小兵提醒咱們已經距離喀什兩百公里遠，此地海拔已近4000米。甫一下車，天空不再是深邃的藍，強風陣陣還伴隨著下雨，即使大家已經穿上羽絨衣，還是感到異常寒冷；是的，我想起玄奘法師形容帕米爾高原「天空多暴龍」，這真是令人充滿高度的想像空間，我相信大

▲蔥嶺聖湖

▲塔吉克部落

師意思是氣候複雜多變，隨時有不測風雲；烏雲詭譎中的卡拉庫里湖四周蘇巴什草場，我看到幾個塔吉克男人依然專心放牧，還有人望著牲口靜靜坐著抽菸，他們似乎對老天的猛然變化習以為常，何況旁邊就是整排他們居住的帳篷。

在大家準備套上雨衣之際，竟然風止雨停，眼前的卡拉庫里湖顏色也起了變化；我們站在湖的西岸，剎那間天色大開，原本躲在雨霧中的帕米爾第二高峰——慕士塔格峰（高 7509 米），矗立在聖湖東岸也露出真面目。外形渾圓雄厚的慕士塔格峰，冰川覆蓋了祂七成的容貌，這些冰川養育腳下的卡拉庫里湖，湖水再養育四周的塔吉克部落。隨著太

▲慕士塔格峰與聖湖

陽再度現身，慕士塔格峰閃著灼亮的白色山體，光線將湖水由原本的淺黃色烘托成了墨黑色，「黑湖」也是塔吉克族常掛嘴邊的敬稱。

　　一位憨厚的塔吉克老人，在聖湖旁邊拉著駱駝，盼望著湖畔旅人的青睞，此時偌大的蘇巴什草場只有小兵跟我們六個旅人，四川八旬夫婦當然不適合騎，在河南闐密二女子邀約下，抱著隨喜捧場的心情我也坐上駝峰，這是人生第一次騎著駱駝，即使在敦煌、在羅布泊、在埃及、在伊朗，源於心中「騎著駱駝似乎不慈悲」的障礙，但摸著溫順的駱駝坐上駝峰那一刻，看到塔吉克老人的滿足神情，也許我這樣也是善舉嗎？「不限時間，想騎多久都行！」老人幫我拍照對著我說，他的中文語調並不違和。「你可以繞著聖湖岸邊，沒事！」沒有市儈之氣的老人，

我付出區區十元就有助於他的生活，當作布施，何樂不為。生活裡該心存感恩的事情太多了，想起同樣這條絲綢之路上，羅什法師、玄奘法師、無數高僧徒步而行；波斯商賈的駱駝商隊；甚至德國盜寶賊范萊考克辛苦翻越引發隊員致命疾病；而我不是步行也不是仰賴駱駝，就輕輕鬆鬆進

192

入帕米爾，難道不該感恩！？遇到惡劣氣候卻能清楚看見聖湖與慕士塔格峰，難道不該感恩！？⋯⋯。

　　午後三點，我們匆匆抵達中巴國際公路此行的終點——石頭城，大漢時期這裡也屬蒲犁國疆界，南北朝時期一樣與周邊西域諸國成為佛教興盛國度——羯盤陀國。考據資料上肯定的是，羅什法師路過此地之際，僧人輕易可遇，梵音繚繞於耳，我能想到的境界也許恰似當今同在高原上的不丹、尼泊爾；然而，任憑昔日城郭再如何堅實雄偉，歷經千年帕米爾風雪終年吹襲，成了斷垣殘壁。站在最高點，我們眼前是喀喇崑崙山脈、天山山脈、興都庫什山脈三條地球骨幹環繞的谷地；玄奘曾描述路過羯盤陀國時的繁榮鼎盛，就可確定從南北朝直到大唐之後，這裡從來不曾冷清寂寥，也許正如玄奘所觀察難以滋養糧食與繁衍人口的環境，隨著絲綢之路貿易沒落也讓古國走向衰亡，如今只剩一堆堆風中的廢墟。還在惆悵之際，小兵聲音喚醒我準備上車「得趕路了，要走300公里又有速限，八點才能回到喀什！」。

　　咬著冷硬的烤餅，回程再欣賞一次路上的風景；如果可以，我願意回頭繼續往南走，再走一百多公里，越過中國國境，進入巴基斯坦與印度的喀什米爾爭議緩衝區，那是羅什法師的父親故鄉古罽賓國所在，被封閉在當今世人的紛擾裡。但事實上這是我不切實際的夢想，因為不但持臺灣證件無法進入中巴邊境，就算過了邊境，目前持臺灣證件同樣不被巴基斯坦允許進入該國。何況，就算進了巴基斯坦，想前往印巴喀什米爾緩衝區，也是一項超級難題。

　　「沒走到紅其拉甫口岸國門，你們會覺得可惜嗎！？」車上我打破沉默。

　　「不會啊！中國國門太多了。跑那麼遠去看國門⋯⋯」八旬老翁先回答。

　　「咱們都不是做邊貿⋯⋯不太需要。」河南閨密當中一個說。

　　「那也是⋯⋯口岸賣的巴基斯坦東西也沒什麼特別！」小兵補了這

句。反而眾人因為都沒來過台灣，你一言我一語充滿好奇問著台灣的一切。

　　慢慢告別空曠的帕米爾，經過漫漫路程，當伊斯蘭建築再次出現眼前，我們又回到繁榮的喀什……！

足跡照片牆

▲喀什老城入口

▲喀什老城入口迎賓

▲喀什老城小孩

▲喀什老城其他街景

▲喀什廣播電視塔

《第十二章》回眸長安：
羅什因緣 帝王孤墳

　　離開南疆喀什飛往烏魯木齊的飛機上，我看到天山山脈上綿延不斷的冰川，冰川體積更甚於帕米爾高原上所見，山的那一面是哈薩克、烏茲別克、吉爾吉斯等當今的伊斯蘭國家；兩個小時1400公里的航程中，我思索追隨鳩摩羅什法師的行程，腦海竟浮現兩個人：苻堅與姚興，倘若沒有這兩人的起心動念，羅什法師的命運就完全不同，而大乘佛教在中土、日韓的脈絡，今天也不知道會是如何！

　　心中於是決定，回程再入西安，去敬拜苻堅與姚興兩位對佛法誓不退轉的帝王，當作近十年紀錄的句點。

　　抵達烏魯木齊地窩堡國際機場，這裡有眾多飛往中亞中東國家的航班；我很幸運訂購到飛往西安的南方航空機票機位，這趟飛機降落西安後會再續飛廣州；再次抵達西安咸陽機場，再次搭乘機場巴士進市區，當再次看到大慶路上「張騫出使西域」雕像，我比初次更為感動──在歷經往返八千餘公里旅程後！

　　依然選擇住在老西安鐘鼓樓旁的旅店，中國很多旅人戲稱「到西安就是來看墳」，因為這裡是「十三朝古都」，中國歷史上有高達十三個朝代在此建都，包括最強盛的秦漢唐；歷代帝王生前除了傾力經營江山不墜，並且都極力重視自己身後大事，不惜鉅資建造自己的陵寢（除非他是遭到橫禍來不及好好規劃）；如果再加上后妃王爺、文武百官的墳頭，整個大西安包含周邊，詳於史載的陵墓何其多！？人們讚嘆秦皇陵、漢文帝陵、武則天李治合葬的乾陵……之餘，有更多早已被遺忘在歷史中的帝王陵墓；在尋找前秦苻堅與後秦姚興的王陵過程，就讓我深深感觸。

　　隔日早晨九點，我在旅店前包了一部車，過程且對師傅進行篩選，確定對要去的地方熟門熟路；師傅姓農，出了西安壅塞城區，我們目標是苻堅陵墓，我僅知道祂位在彬縣；車子從市區往西北方向直驅，看出來這是與咸陽機場方向相似，彬縣就是咸陽轄下縣級市；雖然彬縣沒太

大知名度，卻跟西安咸陽一樣古老，古籍中的名字有「豳縣、邠縣」等，但不論怎麼變動都同唸「彬縣」，這挺特別，不會讓人腦海形成記憶斷層。

　　車行約莫一小時抵達彬縣，高速公路閘道口不少運煤車，在我們尋找「水口鎮」的路上，農師傅提醒我「彬縣有個大佛寺石窟，既然路過可以去看看……」，他的話有如醍醐；虔誠信佛的苻堅，後秦江山自然是佛恩廣澤之處；師傅說完不到十分鐘，已抵達大佛寺石窟的山腳。石窟雖然位在山腰崖壁上，但可以很輕鬆地爬上主窟平台，站在平台上的我，眼前的彬縣縣城樓房櫛比，腳下水流叫涇河，是渭河的支流，古來

「涇渭分明」，不知道這兩條河匯流處是否真實一清一濁，但眼前涇河水質算乾淨，而靠近西安的渭河的確混濁——它是黃河最大的支流。

▲彬縣縣城

　　大佛寺石窟開窟於北周時期，此時鳩摩羅什法師早已在終南山下的戶縣圓滿離世；主窟內大佛高 28 米，曾被譽為陝西

▲彬縣大佛寺石窟

第一大佛，佛像渾圓飽滿屬盛唐時期傑作，大佛左右是觀音與大勢至菩薩，斑駁容顏卻充滿道氣；上百個洞窟內有一千餘尊塑像，但我大多匆匆瀏覽；值得一提的是，這裡有中國石窟極其罕見的「僧房窟」，是提供僧人起居生活修行的場所，數量多達近百個，最小只有約 4 平方米，這些洞窟原本就空無一物，洞壁沒有任何彩繪，彼此間有石階或棧道相連，我看到有遊客試著攀爬上這些廣布於崖壁上的僧房窟，無不搖頭表示不輕鬆，讓人打從心底佩服這些昔日修行者。

　　「絲綢之路：長安至天山廊道」被列入世界遺產，大佛寺石窟屬於這條路線名錄之內，祂是行程中一道被附贈的小菜，如果沒有農師傅的助緣，或許我永遠不會有緣踏入此地。走一遭下來，已經午間 11 點一

▲大佛寺石窟主窟內塑像

▲主窟內觀音

▲僧人住窟

刻，既然已接近彬縣縣城商業區，也不知道苻堅墓所在的「水口鎮」是否遙遠，決定先跟師傅去用午飯。

　　彬縣縣城不大，路上車流並不擁擠，我知道陝西特有寬如男人腰帶的麵條——褲帶麵，午餐想好好品嚐它。師傅挑了一家街角上的食堂，門面不大外觀乾淨，來招呼是一位大約 18 歲小姑娘，師傅點了刀削拌麵，我點褲帶麵，再加一籠蒸餃與炒個青菜；且說褲帶麵真寬如皮帶，麵條淋上辣油醋汁跟蔥末，吃起來酸中帶辣非常紮實。

「味道還行嗎？吃得慣嗎？……」小姑娘一聽我是台灣人，非常熱忱。

「好得很，麵條蒸餃都好吃……」突然我念頭閃過「姑娘，知道這附近有水口鎮嗎？……」

「我家就在水口！」想不到冥冥中我在餐館內又遇見了菩薩！

「那妳，知道苻堅的墓在哪兒嗎？！」我真覺得不可思議。她搖搖頭表示沒聽過，但是指引我們往水口鎮的路線「從這兒到水口，大概20分鐘！」她說。

離開食堂，順著小姑娘指引的方向，我們真抵達水口鎮，是個純樸小鎮，路旁處處是蘋果園，這裡是關中地區蘋果最大產地，樹上已經結實纍纍但還沒轉紅；鎮內最大道路是商舖市集一條街，中午時刻，小販正忙著收攤，農師傅車子行駛在大馬路上邊走邊找。乍然，一塊咖啡色的路牌出現眼前，上頭只有三個字「苻堅墓」，順著指標，我們轉進了鄉間小路，路旁都是高大的楊樹，車子走到底怎麼找就是沒看到任何陵墓，我們就在這條小路來來回回，我唯一能想到的「雖然是苻堅大帝，也許陵墓並不龐大醒目吧？」說不定祂就在咱們面前，卻容易被忽略了……。

「我看到在樹的後面，好像有一根柱子……！」農師傅說，我們又一次慢慢開著車，發現右手邊整排楊樹後面是一片墳地，看起來都是新葬之墳。

「我也看到遠遠有一根柱子……！」我說，這麼一條鄉間小路，這根挺立在曠野間的柱子最醒目；然而柱子並非在路旁，得踩過他人的果園與墳地，但我決定走過去瞧一瞧。

感謝上蒼，柱子正是後人為

苻堅墓所立的華表，中間僅有六個大字「前秦國王苻堅」；來到墓前，我雙手合十，默唸經文，祈求功德回向給這位堅決派出大軍迎請鳩摩羅什法師進入中土的帝王；誦經禮畢，再看看四周，如果沒有當地政府設立的華表石碑，在這鄉野荒草地上的長條形墓塚，也許屍骨是誰根本就無人知曉，斯人已遠，只能徒留感歎。

▲苻堅墓華表　　　　　　▲苻堅墓

　　常有人與我同感疑惑：是苻堅？還是符堅？在這位帝王生命終點的地方，也許讓我們找到答案。水口鎮上的指標是「苻堅」，華表與碑上卻是「符堅」；民間流傳是苻堅命格不凡，母親懷胎 12 個月才出生，身上竟有「艸付應王」字跡，於是將「符」改為苻氏。但撇開傳說，後代史家對於這位前秦大帝卻給予相當高的歷史評價，他胸襟開闊能廣納賢才（招聘隱居華山的漢人王猛為相）；他對皇親國戚惡行毫不私縱（誅殺免職多達數十人，即使是太后之弟犯罪也不例外）；他結交豪傑共創大業（降服匈奴、鮮卑、羌族首領後不趕盡殺絕反而納為政治伙伴），他稱帝近 30 年，比起同時期中原晉朝多位皇帝在位更久，版圖囊括整個中國北方與四川，稱一代強人並不為過。

　　歷史長河中有多少強人，最後難逃被遺忘於後世；明代《邠州志》就提及：「苻堅墓距州二十餘里，橫廣而縱狹，農人不知之有生名之雄也。」明朝此地農民不知道苻堅是何方大英雄；如今像彬縣食堂在水口鎮出生的小姑娘一般，本地人對苻堅墓一無所知也屬常態了。

　　我跟農師傅準備離開時，一位打著赤腳的可愛男童在墳地奔跑玩樂，遇到我們兩個陌生人，一點也不怕生。

　　「你幾歲？」我笑著問。
　　「6歲。」他滿臉天真回答後，一溜煙跑走了。

　　隨後，傳來老奶奶的叫聲「狗子！狗子！……」男童顯然是奶奶的孫子。村子裡都認識，她一聽到孫子與陌生人的對話，難免留神跟上來；老奶奶的家，就在苻堅墓旁不遠，方才我們從路邊穿過的果園，就屬於奶奶家的。我們點頭招呼，她純樸臉上堆滿笑容語氣溫柔「你們從哪兒來？！……」。

　　「他台灣人！……」農師傅用陝西腔幫我回答了，我們走入果園要回到馬路才發現老奶奶家，那是一幢簡陋的茅草屋頂房，屋內面積很小，一眼就看盡全部家當，地上還放著一些針線活兒，想不到當今富裕中國還真有不少人尚未脫貧。

　　「奶奶在家忙些什麼呢？」我問。
　　「繡鞋底，這兩天繡的……」奶奶從年輕就會的絕活，我以往只在

▲村落男童、男童奶奶、男童奶奶的繡鞋底作品

古裝電視劇才看到眼前這些亮麗的繡工；每隔幾天，奶奶就在水口鎮大街販賣這些手繡鞋墊。

「我拿個十雙！」農師傅先買了，他動作比我快。

「旁邊這個苻堅墓，有遊客來嗎？」我問，男童此時玩耍回來了。

「沒有！」奶奶說。如果苻堅地下有知，我祈求祂庇祐長年傍著自己孤墳的這戶人家，就如同生前照護前秦的子民般。

彷彿完成懸念已久的心願，離開彬縣，我心中有一絲絲暖意；回西安路程中，還得前往高陵區——位在西安市東北方的郊區，尋找另外一位帝王：後秦姚興。

苻堅與姚興，構築兩代人的恩怨，苻堅是氐族、姚興屬羌族；史書記載，苻堅籌劃淝水之戰前，宰相王猛積勞成疾已經病入膏肓，王猛臨終前最後建言：建請苻堅放棄進兵晉朝，反而應該肅清自己麾下的羌族匈奴等以防異心。遺憾的是，苻堅並未聽從王猛的「神算」。淝水之戰讓苻堅遭逢一生最大的挫敗，他麾下異族果然紛紛叛變自立，最重的傷害來自姚萇（姚興的父親），苻堅視姚萇如手足，姚萇卻在彬縣大佛寺石窟不遠處絞殺苻堅，殺紅眼的姚萇為了樹立自己新政權威信，眾目睽睽鞭打苻堅屍體示眾……不少史學家認為，前秦苻堅倘若沒有發動淝水之戰，南北分裂的中國，歷史演變就會整個不一樣！

前秦最後被姚興所滅，姚興成為後秦帝王；生死對立的苻堅與姚興，卻同樣敬重一個人：鳩摩羅什法師；姚興從後涼國軟硬兼施後迎回羅什法師，後世對佛教的重大影響，姚興也算功不可沒。

約莫下午不到四點，農師傅車子來到西安市高陵區，這裡已經是都會區的衛星城了。從漢朝直到唐朝就是長安的下葬區之一，但即便如此，姚興陵寢的資料非常少，史冊上名為「偶陵」，唯一資訊是祂位在當今麥張村，我們只能土法煉鋼把麥張村逛個仔細。

放眼望去，麥張村如同其名，擁有一片片大面積的農場，此時種著

205

玉米土豆等等，經過一番搜尋，師傅有感而發說「挺擔心因為農田建設的因素，要找古代陵墓就困難了！」終於在半路上遇到一位準備收工的農人，鄉人口音重，得反覆問才聽明白：

「大爺，這附近有古代皇帝的墳嗎？」我問。

「什麼墳？」農人回。

「什麼墳不知道，古代的陵墓……像武則天乾陵一樣！」我把武則天拿出來，讓他更明白。

「村子裡的墳場在哪兒？」師傅補了一句。

「額……望前走，前面有一大片墳……」

是的，的確找到一整片滿是荒草之地，是鄉人口中的墳地，但我不知道姚興「偶陵」是否在此大範圍之內，因為已經無路可通了。姚興是古羌族，或許羌人陵墓有別於漢人。姚興的父親姚萇入土，據說「方圓一里，積灰為之」，地上灑灰，再封土夷平，似乎是羌族之儀；姚興「偶陵」也是如此，只不過史冊記載佔地更大，廣達三千平方米，至於陵寢是否有地宮墓室，還有待中國進一步考古確定。憑弔姚興，我只能面對這片廣大的荒煙草地誦經三拜。

時過境遷，古代最繁華的長安也躲不過滄海桑田：高陵區這裡是新石器時代中國仰韶文化的考古重鎮，到處可見出土的陶片，地下不知已經挖掘多少回了；而長安既是中國無數帝王埋骨之處，盜墓獵寶之風甚於各地，或許有助於姚興陵寢早日浮現，我祈盼他日重回此地，圓滿這未盡的因緣。

看看姚興墳場附近踏實的農人，想想苻堅墓旁的老奶奶，人生最大的幸福，我想：就是在天地間心安理得，就能把自己日子過得好、過得踏實！

千年天涯 尋找鳩摩羅什 / 徐伯卿著. -- 初版. --
臺北市：八方出版股份有限公司, 2022.02
　　面；　　公分. -- (My style ; 37)
ISBN 978-986-381-231-9(平裝)

1.CST: 遊記 2.CST: 旅遊文學 3.CST: 絲路

690　　　　111000512

2022年2月22日　初版第1刷　定價350元

著者｜徐伯卿

總編輯｜賴巧凌

編輯｜陳亭安

封面設計｜王舒玗

內頁排版｜菩薩蠻數位文化有限公司

發行所｜八方出版股份有限公司

發行人｜林建仲

地址｜台北市中山區長安東路二段171號3樓3室

電話｜(02)2777-3682

傳真｜(02)2777-3672

總經銷｜聯合發行股份有限公司

地址｜新北市新店區寶橋路235巷6弄6號2樓

電話｜(02)2917-8022・(02)2917-8042

製版廠｜造極彩色印刷製版股份有限公司

地址｜新北市中和區中山路二段380巷7號1樓

電話｜(02)2240-0333・(02)2248-3904

印刷廠｜皇甫彩藝印刷股份有限公司

地址｜新北市中和區中正路988巷10號

電話｜(02) 3234-5871

郵撥帳戶｜八方出版股份有限公司

郵撥帳號｜19809050